人の心を操る
悪の心理テクニック

EVIL PSYCHOLOGICAL TECHNIQUES

詐欺・悪徳商法評論家
多田文明
FUMIAKI TADA

イースト・プレス

はじめに

闇バイトや振り込め詐欺、悪質商法など、それらの被害は今もなお後を絶ちません。なぜ私たちは彼らの手口にだまされてしまうのでしょうか。それは、その裏に知能犯たちが練りに練って編み出した、だましの話術や心理操作のテクニックがあるからなのです。近年では、高齢者だけでなく若年層から中年層に至るまで、あらゆる世代の人が多大な金銭をだまし取られています。

その実情を、テレビなどに出演した際に解説すると、コメンテーターからは「それでは被害を防ぎようがないではないか」と驚嘆され、「それだけの頭脳があれば、まっとうなことに使ったらよいのに」といわれます。私も、まさにその通りだと感じています。だます側が使っている手法をまっとうなビジネスに使えば、どれほど社会に貢献できるでしょうか。

私は20年以上に渡り、潜入ルポライターとして詐欺師や悪質業者らと対峙し、話をしてきました。彼らがどのように巧妙な話術を使ってだまそうとしてくるかは、身に染みてわかっているつもりです。本書では、その一端をお伝えできればと思います。

このような活動をする原点となっているのは、自らが20代の頃に誘われて入信した、旧統一教会での活動体験です。そこでは、宗教団体名を隠して勧誘するという悪質な手法が使われ、信者になるまでの教化プログラムも洗練されていました。警戒心の薄い人や悩みを抱えて心が弱っている人が、簡単に籠絡《ろうらく》される仕組みが構築されていたのです。

教団組織のなかでは、勧誘時にどのように話すのかといった、マニュアルが作成されており、信者になったばかりの教義を十分に理解していない人でも、マニュアル通りの行動をさせることで、プロフェッショナルな勧誘ができる状況をつくり上げていたのです。

私が教団を脱会するときには、教義の矛盾に気づくだけでなく、被害を生み出す手足となっていた事実を知り、愕然としましたが、それとともに、組織が個人をだまし打ちする形で、金銭を奪い取る行為は許せないという強い感情が出現し、現在の詐欺・悪質商法の犯罪ジャーナリストとしての活動に至っています。

その後の教団については、広く報道されてみなさんご存じの通り、甚大な被害が認知され社会問題化し、国をあげて対策がなされました。

これまでに自著やテレビなどで、悪質な手口を紹介し、被害を未然に防ぐ活動をしてきて思うことは、多くの人が「自分は大丈夫」「だまされない」と思い込み、自分自身が被害にあうまで、我が身のことのように関心を持てないということです。

そのため本書を通じ、日常やビジネスシーンで活かせる話術やテクニックとして、悪人の手口も同時に世に知ってもらい、危機感を持ってもらおうという意図も含ませています。

もちろん本書で紹介する技法は、仕事で成長したい人や、仕事に悩みを抱える人の手助けになるようなテクニックをまとめているので、楽しみながら話術や心理テクニックを学んでもらえれば幸いです。

くれぐれも悪用しないようにご注意いただきつつ、たくさんの方に手に取っていただき、経済や社会の発展に活かしてもらえれば嬉しく思います。

多田文明

人の心を操る　悪の心理テクニック　もくじ

第1章 悪用厳禁！ 情報を手に入れるテクニック

第2章 心をつかむテクニック その気にさせて

第3章 交渉を有利に運ぶテクニック

第4章 人を巧みに操るテクニック

第1章

悪用厳禁！情報を手に入れるテクニック

01

Evil psychological techniques

「聞く」7割「話す」3割で会話する

×「この商品はいかがでしょうか！」

○「最近はどのような商品を使っていますか？」

近年、組織的な詐欺による被害が深刻になっています。息子になりすます「オレオレ詐欺」、保険料を払いすぎているからお金を戻しますと嘘をついて逆にATMでお金を振り込ませる「還付金詐欺」など、昔からある手口は、今もなお多くの被害を引き起こしています。手口を知っているはずなのに、なぜだまされてしまうのでしょうか？

詐欺師の電話というと、一方的に話を進められてだまされるという印象を持つ方が多いいますが、詐欺電話の最初の段階では話を聞くことに時間を費やしています。

このような話を聞いて情報を収集するアポイント電話（アポ電）で詐欺師たちは相手の口から自然に情報が出てくるように仕向けます。

例えば、手に入れた名簿をもとに高齢女性の家に家族をかたって電話をかけてきたとします。「オレだけど」といわれると、高齢女性はつい「○○かい」と息子や孫の名前を口にしてしまいがちです。

そして息子や孫になりすました詐欺師は「今、一人なの？」などと尋ねて「おじいさんは出かけていて夕方帰ってくるからね」というように家族構成の情報を巧みに引き出します。この場合、高齢者世帯で二人暮らしである可能性が高いことを詐欺師に把握されてしまうわけです。

さらに「このところ寒いから心配だけど、体は大丈夫？」などと聞いて、現在の様子や、本人の性格も把握しようとします。そしていったん、電話を切ります。

詐欺グループはアポ電で取得した情報を通じて、どのようにして高齢女性をだますのかを考え、その後に詐欺におとしめる本番の電話をかけてくるわけです。

私が詐欺師や悪質業者と話した経験では、アポ電において「聞く」が7割、「話す」が3割でアプローチしてきているように感じています。詐欺師たちは最初の電話で自分が話す以上の時間を、聞く時間に使い、情報の収集をしているのです。

この会話のセオリーは、通常のビジネスでもみられます。例えば健康食品を販売する営業電話で商品をすすめたときに、消費者から「ほかの商品を買っているからいらない」といわれたとします。

そのときに話を聞くことに徹して「ほかの商品はなにか」が聞き出せれば、その消費者が「どのような健康の悩みを抱えているのか」「どんな栄養素に興味を持っているのか」「どのぐらいの金額なら購入してもらえるか」などの情報を得ることができるのです。

一方的に「こちらの商品はいかがでしょうか」と商品をすすめても、断られてしまえばそこで話が終わってしまいます。はじめは聞くことに時間を割き、相手のニーズを把握することで、相手の心に刺さる一手を選択することができます。

POINT

話すよりも聞くことに時間を費やし、相手の口から自然に情報を語らせる

02
Evil psychological techniques

二択の質問で情報を抜き出す

×「いくら貯金をお持ちですか？」

○「600万円よりも上ですか？ 下ですか？」

詐欺師たちは事前にアポ電という、だます相手の個人情報を聞き出すための前触れ電話をかけてくることは先に述べた通りです。この電話で家族構成や資産の状況などを聞き出そうとするわけですが、詐欺師たちはターゲットにした相手から、重要な個人情報を聞き出そうとする巧みな話術を持っているのです。

以前に、テレビ番組の関係者をかたったアポ電がありました。実際の番組名を出しながら「お年寄りの方を対象に調査を行ってます」とアンケートを装う電話をかけます。

最初に聞く質問は、「お一人暮らしですか?」です。

次に「お買い物などは一人で行かれるんですか?」と尋ねます。

最後に「○○県の平均的な貯蓄額は統計上600万円です。個人情報ですので、金額を聞くわけにはいきませんので、上か下で答えていただけますか?」と聞いてきます。それに対して、高齢者が「上です」と答えると「アンケートありがとうございました」といって電話を切ります。こうして貯金を持っている一人暮らしの高齢者であることを把握するわけです。

一つ目の質問では、一人暮らしであることを聞き出していることはわかりますが、二つ目の質問の意味はなんでしょうか？ これは、買い物が一人でできるかどうかを知ることで、本人が銀行でお金を引き出せる人かを判断していると思われます。高齢者の人のなかには、外に出るのが容易でない人もいるので、もし本人が一人で出歩けない状況であれば、自宅にキャッシュカードをだまし取りに行くなどの、ほかの手法を考えます。

なにより、長く電話で話をすれば、本人の性格もある程度わかります。このときの公開されたアポ電の音声を聞くと「お買い物などは一人で行かれるんですか？」との質問に対して「はい」と答えた女性に、なりすました番組関係者は「大変ですよね」と非常になごやかな相づちをいれており、その反応をみながら、本人の性格を読み取っていっていると思われます。

ここからわかることは「いくら貯金をお持ちですか？」というプライベートに踏み込む質問は、相手に警戒心を持たれやすく、直接質問をすることはNGということです。そこで基準を設定して「上ですか、下ですか？」の二択に絞り、質問の意図をぼやかして答えやすくしているのです。一般のアンケートでも、設問を設定して自由に記述させるよりも「はい」か「いいえ」の方が答えやすいはずです。

貯金額や年収、年齢などのような、プライベートで警戒されやすい質問は、上か下、あるいは「はい」か「いいえ」という抽象的な答えの形になるような質問の仕方にすることで、情報を聞き出しやすくなるというわけです。

POINT

直接的な質問ではなく、二択の質問にして情報を聞き出しやすくする

03

Evil psychological techniques

間接的な質問で答えを誘導する

✕「ご家族はいらっしゃいますか？」

○「ご家族の方にも聞いていただけますか？」

組織的な強盗が行われる前には、家の間取りや高齢者世帯なのかなど、入念な情報収集が行われます。犯罪グループ側には、お金を奪うためのマニュアルがすでにあって、そこにターゲットにした人の細かい最新情報を組み入れることで、効率的に犯行ができるからです。

近年、一般家庭を狙った強盗事件が次々に起きましたが、被害を受けた家の近くでは多くのリフォーム業者などを装った不審な訪問があったことがわかってきています。これは強盗を行うための下見の可能性があります。そこで得られた、間取りや防犯体制などの最新情報を入手して、犯罪グループの指示役らは実行犯に強盗を指示したと考えられています。

家を訪問した情報の聞き出し方の例として「工事をしていて近所から苦情を受けた」という業者がやってきて「塗装の臭いがしませんでしたか?」と尋ねてきたものがあります。もし、みなさんが業者からこのように尋ねられれば、どのように答えるでしょうか。

「(塗装の臭いは)していません」と答えるかもしれません。そもそも工事などしていないのですから、そう答えることは想定済みですので、この答えをしてしまうこと自体が危ないと思ってほしいのです。

おそらく続いて、次のように尋ねるはずです。

「ご家族の方にも(臭いがしなかったか)聞いていただけますか?」

それに対して家人が「私は一人暮らしなので」や「主人や息子にも聞いてみます」などと答えてしまえば、家族状況を相手に知らせてしまうことになります。

ここで一人暮らしや高齢夫婦世帯であることが知られてしまえば、詐欺や強盗に襲われる危険が高まってしまうのです。

つまり、「NO」という答えは想定済みで、その先に本当に聞きたい質問がまぜられているわけです。

「ご家族はいらっしゃいますか?」と直接尋ねれば、警戒心を相手に持たせることにつながりますが、「聞いていただけますか?」と尋ねる形で答えを誘導しています。

ビジネスにおいても、交渉している案件の決定権は誰が持っているのか、どのような人たちが関わっているのか、わからないことも多いと思います。

そこで「決定権を持つのは誰なのでしょうか?」と直接に尋ねるのではなく、提案した内容を「上の方に聞いていただけますか？」と間接的な形で質問をすることで、自然に「○○部長に聞いておきます」などの話を引き出せるはずです。あるいは「○○グループのメンバーに聞いてみましたが、この案ではダメでした」という答えが得られるかもしれません。誰に決定権があるのか、誰がこの案件に関わっているのかを聞き出せれば、その次の提案をしやすくなります。

強盗の下見役と思われる人たちもしているように、「教えてください」という直接的な質問の言葉ではなく、「聞いていただけますか」というような間接的な質問が有効なのです。

POINT

間接的な質問をして、相手に気づかせずに知りたい情報を得る

04

Evil psychological techniques

不安をあおり自ら情報を開示させる

× 直接聞きたい情報を聞き出す

○ 相手の不安をあおり、解決策に協力させる形で聞き出す詐欺師の手口には、相手の不安につけ込み情報を自ら開示させる事例があります。警察官をかたり、現金をだまし取る事例では、偽の警察官が電話で「詐欺グループが摘発された際に、あなたのキャッシュカードが出てきたため、詐欺の容疑がかかっている」と伝え、LINEなどのメッセージアプリに誘導します。そこでビデオ通話をさせながら、警察官の姿や警察手帳を見せ、本当に犯罪に巻き込まれていると信じさせるのです。

ここでは、警察手帳などのようなものを実際に見せるという視覚に訴えるテクニックが使われています。警察手帳などは偽物ですが、実物を見たことがある人が少ないため、細部の違いなどには気づけず信じてしまう人が多いのです。

そして、なにより見逃せないのは、そこで使われている話の流れです。無実の犯罪に巻き込まれたと思う人は「私はやっていません」「身に覚えがありません」と必死に自らの潔白を証明しようとする心理が働きます。実はそこが詐欺グループの狙いなのです。

そこで、このようなやり取りが行われます。

詐欺師「あなたが犯罪に加担していないことを証明するために、次の指示に従ってもらえますか？」

被害者「はい」
詐欺師「まず、スマホのカメラを360度回してください」
被害者（カメラで周囲を360度撮影する）
詐欺師「次に犯罪グループからの入金がないかを確認するために、すべての通帳を出してカメラで見せてください」

このように、相手の不安な心理を巧みに誘導し、情報を引き出していきます。

はじめの「360度撮影」で周りに相談できる環境がないことを確認し、相手の人物がこの話を信じきって、指示通りに動く人物であることの確証を得ます。

次に「通帳をカメラで見せる」誘導で、銀行の通帳やキャッシュカードの情報や、現在の残高などを、すべて把握していきます。

さらに、警察官が事情聴取をするように家族構成や仕事の状況などを聞かれれば、無実を証明したい心理で、すべての情報をさらけ出してしまうのです。

そして詐欺師たちは入手した情報をもとに、金をだまし取るための最後の一押しで、「逮捕状が出ている」とビデオ通話で逮捕状を見せつけます。

この逮捕状ももちろん偽物ですが、そこには聞き出した相手の本名が書かれてあり、電話を受けた人は信じきってしまいます。当然、相手は「私は知らない」と容疑を否定します。

そこで詐欺師はこのように切り出すのです。

「わかりました。無実を証明するためにも、まずは容疑者として逮捕されないために、保釈保証金を払ってください」

「保証金なので、無実が証明されれば、お金は戻ってくるので安心してください」

「あなたが無実であるならば、詐欺グループの摘発に向けて、力を貸してくれませんか？」

このように詐欺師は、寄り添うような姿勢をみせながら語りかけてきます。「お金は戻ってきます」というセリフも詐欺でよく使われる常套句です。

詐欺師を警察官だと信じ込み、助かりたいと思う心理をつかまれた結果、多額のお金を振り込んでしまうことになってしまうのです。

「助かりたい」「疑いを晴らしたい」という恐怖や不安な心理は、「解消させたい」「回避したい」という行動につながり、詐欺師の巧みな誘導もあって、自ら情報を開示してしまいます。

この不安な心理を巧みに使った誘導は、一般的にもよくみられるものです。健康やお金の不安で、食品や商材を購入した覚えのある方も多いと思います。このような「不安マーケティング」と呼ばれている手法も、不安や恐怖を解消したいという思いが、購買行動を起こさせるモチベーションになっているのです。

POINT

不安な気持ちを起こさせ、それを解消させるための行動を引き出す

05

Evil psychological techniques

返報性の法則で情報を引き出す

×「資産運用はしていますか？」

○「最近、株をはじめたんですが、あなたは資産運用をしていますか？」

私の知る事例では、50代女性がSNSで知り合った男性から1億7千万円を超えるお金をだまし取られるという事件がありました。この詐欺事件には相手から個人情報を引き出すための術が潜んでいました。

詐欺師の男性と接触したきっかけは、女性がインスタグラムにアップしていたスイス旅行の写真に、40代の韓国人男性から関心を寄せるようなメッセージがきたことでした。「この場所はどちらですか?」「自分も旅行が好きなんです。スイスにも行ってみたいです」と会話が弾み、だんだんと気を許すようになっていきました。

その後LINEでのやり取りに移行し、「なんの仕事をしているの?」などの、たわいもない話をするようになったそうです。そんなやり取りが2週間ほど続き、ふと男性が「仮想通貨やったことある?」と尋ねてきました。女性は正直に「やったことない」と答えると男性は「興味があれば教えてあげます」といってきたというのです。

女性は株式投資の経験があり、耳にしたことのある仮想通過に興味を持っていたので、詳しく話を聞くことにし、その結果多額のお金をだまし取られてしまうのです。

詐欺師は女性との雑談から「株式投資をやっていて利益が出ていること」や「大手の会社を辞めて退職金があったこと」などを聞き出して、どこかに詐欺ができる穴がないかを探っていたと考えられます。その上で、仮想通貨に対しての知識がないことを知り、攻めてきたわけです。

女性も、自分は投資の知識がある方だと思い、過信していたといいます。しかし、詐欺師にはそうした性格も見抜かれていた可能性があります。成功体験がある人ほど、新しい知識を得たいという意欲に駆られ、未経験の分野での詐欺にあうことがよくあるのです。

詐欺師は、SNSのメッセージで趣味が合うようにみせかけて親密になり、信頼させて得た資産情報や個人情報から、多額の金額をだまし取るシナリオを作り上げたのです。

会話を弾ませたり、知りたい情報を引き出したりするテクニックに、自分の情報を開示しながら会話をする方法があります。

例えば「資産運用はしていますか？」といきなり尋ねるよりも、「このところ株価の上がり下がりが激しいですね。最近、株をはじめたんですが心配で……。あなたは資産運用をしていますか？」と聞いた方が、相手から情報を引き出しやすくなります。

これは「返報性の法則」といい、相手が自己開示してくれた分、自分も自己開示しなければならないという心理が働き、警戒心を弱め親近感を持つきっかけとなり、話が引き出しやすくなるのです。

POINT

「返報性の法則」で自己開示し、警戒心を弱めて情報を引き出す

06

Evil psychological techniques

尽くすことで警戒心を解く

×

警戒心を解かないまま、質問する

○

相手に尽くし、警戒を解いて情報を聞き出す先述した「返報性の法則」には自己開示のほかに「尽くす」という行為で相手の警戒心を解くこともあります。

その事例として紹介するのは、預託商法と呼ばれる現在では原則禁止とされている販売方法です。この預託商法は、まず事業者から商品や権利などを購入してオーナーとなり、それを同事業者へレンタル（預託）するという契約を結ばせます。事業者が商品や権利を第三者に貸し出すことで配当があるといううたい文句ですが、商品が消費者（預託者）の手元にない状況であり、事業者は第三者にレンタルしているようにみせかけているだけで、実際にはなにもしておらず、前の人のお金を次の人のお金に回すという自転車操業で配当をしているだけなので、破綻する結果になります。

この預託商法のはしりは、１９８０年代の豊田商事事件です。この事件は金の購入契約を結び、「金を自宅に置くと盗難の危険があるので、当社に預けて運用すれば年10％の配当を払います」とうたい、会社が預かる形で金の代わりに証券を渡しました。

しかし会社には、金自体が存在しなかったため、契約者の手元には証券という名の紙切れしか残らず、莫大な金額の被害が出ました。

なぜこんなあやしい儲け話でだまされる被害が出るのかというと、悪質業者が顧客の懐に飛び込んで情報を聞き出し、数多くの契約を結ばせていた背景があります。

この悪質業者の営業マンは、電話帳などで手当たりしだいに電話をして、高齢者宅にアポイントを取り、家を訪問します。

そして、スーツ姿で現れた営業は、「お仏壇に、お線香をあげさせてください」といって家に上がり込むと、仏壇に手を合わせながら、高齢者の前で優しさを演じます。

さらに「なにかお困りごとはありませんか?」といいながら、部屋や庭の掃除、高齢者の手の届かない高いところの荷物の整理など、徹底的に尽くすのです。

本物の息子以上の振る舞いに高齢者はすっかり警戒心を解いてしまいます。

そこで、雑談を交えながら「老後の生活は苦しくないですか? 預金はどのぐらいあるの?」「これまで資産の運用とかはしたことないの?」「金はこれから、確実に値上がりするから、買い時だよ」などと切り出します。

高齢者は相手に尽くされた思いを抱いてるゆえに、返報性の法則から簡単に資産状況などの情報を話してしまいます。尽くすことによって信頼を得て、自分の要求を飲ませるという手口なのです。

POINT

相手に尽くすことで警戒心を解き「返報性の法則」で情報を聞き出す

07

Evil psychological techniques

クローズドな質問とオープンな質問

× クローズドな質問ばかりで尋問口調になる

○ クローズドとオープンな質問を交互に使い分ける

特殊詐欺の被害で多くみられるものに、「あなたのカードが悪用されているので、交換する必要があります」といって、キャッシュカードをだまし取る手口があります。この事例をみていると情報の聞き出し方が巧みであることを感じさせられます。

この事例では、詐欺師たちが大手の百貨店や家電量販店の店員になりすまし、入手した詐欺リストの高齢女性宅へ、次のように電話をかけてきます。

詐欺師「このたびは、パソコンのご購入をありがとうございました」

被害者「私は買っていませんよ」

詐欺師「やはり、そうでしたか。あなたのクレジットカードを使い、買い物をした人がいまして、ちょっと挙動がおかしかったので連絡をしたんです。どうやら、クレジットカードが偽造されて、不正使用されたようですね。念のため、ご本人様の確認をさせていただいてよろしいでしょうか？」

このようにして女性は、自分の名前、住所、生年月日などの個人情報を相手に伝えてしまうことになります。その後、お店から連絡を受けたという偽の警察官から電話を受け、

「あなたの個人情報が詐欺グループに漏れ、悪用されたようです。これ以上の詐欺を防ぐために、すぐにカードを変えた方がよいですね」といわれます。

そして続けて、全国銀行協会をかたる人物と電話で次のようなやり取りをします。

詐欺師「すでに事情は伺っています。これ以上の被害を広げないために、カードの使用停止をして、再発行することが必要です。カードの交換をなされますか？」

被害者「はい」

詐欺師「わかりました。どちらのクレジットのカードをお持ちですか？」

被害者「○○カードと、△△カードです」

詐欺師「わかりました。こうした被害では、クレジットカードの悪用だけでなく、キャッシュカードも不正利用されますので、セキュリティ強化のために、そちらも変更しましょう」

被害者「わかりました」

詐欺師「どちらのキャッシュカードをお持ちですか？　すべての銀行を教えてください」

被害者「○○銀行と、△△銀行です」

詐欺師「本人確認と、変更の手続きで必要なので、暗証番号も教えていただけますか？」

被害者「＊＊＊＊です」

詐欺師「ちょうど今、当協会の者がそちらの地区を回っていましたので、あと5分くらいで、伺えると思います。その間にお手元にカードを用意しておいてください」

このようにして、資産や個人情報などの情報を把握され、家にやってきた銀行関係者を名乗る人物に、持っていたカードをすべてだまし取られることになります。

ここで詐欺グループが使っているのが「クローズドクエスチョン」「オープンクエスチョン」のテクニックです。クローズドクエスチョンは「はい」か「いいえ」で答えてもらう質問のことをいいます。この質問の仕方は、会話の糸口になりやすく、相手側は思考する必要が少ないので、信頼関係がまだ構築されていないときなどに有効な質問方法です。反対にオープンクエスチョンは、自由に答えられる質問のことです。相手側にたくさん話をしてもらえる質問形式なので、潜在的な会話を引き出すのに有効だといわれています。

今回の事例だと、カードが悪用されたという事態のなかで「カードを変える」という選択肢しかないわけですが、あえて「カードの再発行をしますか?」と、「はい」か「いいえ」で答えるクローズドな質問の後に、「どちらのクレジットのカードをお持ちですか?」とオープンな質問を展開しています。

このようにクローズドとオープンな質問を交互に使い分けることで、質問ばかりの尋問口調になることを避け、テンポよく相手の詳細情報を引き出しているのです。

POINT

クローズドとオープンな質問を交互に展開し、テンポよく詳細情報を聞き出す

第2章

その気にさせて心をつかむテクニック

08

Evil psychological techniques

「理想」「現実」「救い」の三段階話法

×

「どのような懸案事項がありますか？」

○

「どうなりたいですか？」

「今の悩みは何ですか？」

「解決できる方法がありますよ」

「これまで、お金に苦しんできて、大変でしたね」「うちで仕事をすれば、借金はすぐに返せますよ」という言葉は、闇バイトを募集するリクルーターが使う常套句です。

闇バイトの調査電話をしていると、相手の持っている悩みや苦しみに共感するようなソフトな対応をしてくることが多くありました。こうした言葉をかけられて心を許してしまい、犯罪行為に手を染めてしまった人も多いはずです。

犯罪グループは応募者を術中にはめるために「理想」「現実」「救い」の三段階話法で相手の心をアップダウンさせながら、罠にはめようとしてきます。先の「大変でしたね」の言葉はそのなかで効果的に使われる話術の一つです。

闇バイトの募集では、最初にお金に困っている悩みを聞いた上で、「どのくらい稼げば借金がなくなるのか」を聞き出し、借金で苦しまない「理想」の姿を思い描かせます。しかし今は、多額の借金があり、税金も払えず、督促状や電話がかかってくる不安な現状であることを口にさせて、その救いの方法として「仕事は荷物を運ぶだけで簡単です。3〜5万円の報酬なので、何回か仕事をすれば今月の支払いは大丈夫ですよ」という言葉をかけて、借金の苦しみから逃れられる話をしてくるわけです。

その際に、冒頭の「これまで、お金に苦しんできて、大変でしたね」「うちで仕事をすれば、借金はすぐに返せるよ」という同情と共感を示すような言葉を話して、相手の心をぎゅっと握ってきます。

この三段階話法のテクニックは、霊感商法でもよく使われてきました。

近年話題となった旧統一教会がお金を集めるために使った方法で、信者らが占い師役(霊能師役)の人物になりきり、販売会場に連れ込んだ人へ「あなたには悪の因縁がとり憑いている」といって恐怖心をあおり、壺や印鑑を売りつけていました。この商法のテクニックには「理想」をみせた後に「現実」をみせて、奈落の底に突き落とし、そこから「救い」あげるという三段階の話術が潜んでいます。

例えば、女性が、壺や印鑑を売るということを隠されて会場に連れ込まれたとしましょう。そのとき、商品を買わせる会場であることは一切告げずに、姓名判断や家系図を取るイベントといった言葉で誘います。本人はただ「占いをみてもらおう」という軽い気持ちでやってきているので、警戒心なく自分の個人情報を話してしまいます。

なにより、占いをみてもらいたいと思う人の多くは、なにかしらの悩みを持っているものです。霊感商法をする側はそれがわかっていて、人間関係、家庭の問題、仕事がうまくいかないなど、占い師役はその情報を聞き出します。

その上で、「あなたはどうなりたいのですか?」と、本人が望む理想を口にさせます。「家庭円満で過ごしたい」「お金で苦労しない生活をしたい」「よい伴侶と巡り合いたい」など、様々な夢を描き、それを話すことでしょう。

すると、次に占い師役は、実際にはそうなっていない現実を口にさせます。今の悩みを抱えた自分の姿を口にさせながら「いかに自分は不幸なのか」というどん底の気持ちに突き落とすのです。

そこで、すかさず、占い師役は「原因がわかれば、解決方法がわかります」と救いの手を差し伸べます。

女性が身を乗り出すと、「あなたの不幸の原因は、過去に罪を犯した先祖の悪因縁のせいである」と話して、「財物で罪を犯した人がいる」「色情因縁があって、先祖が霊界で苦しんでいる」などの話をします。そして、「このままでは、もっとひどい不幸がやってくる」と畳みかけ、恐怖心をあおり、悪因縁の話で本人をがんじがらめにします。

「どうしたらよいのだろうか」と藁にもすがりたい思いになっている相手の表情を見て、占い師役は「大丈夫です。悪い因縁から救われる方法はありますよ」と優しく声をかけ、

「壺や印鑑などを買えば、悪因縁を断ち切り、先祖の祟りの呪縛から逃れられる」という解決方法を教えてきます。

それを聞いた女性は「それで祟りから解放されて、幸せになるのなら」と思い、壺などを購入してしまうのです。

まず幸せな理想の姿を口にさせて、そうなっていない現実の自分をみせる。すべての原因は霊のせいだとして、壺を買うなどの救いの方法を示す。これこそが霊感商法で使われた手口です。


ビジネスにおいて相手の心に響くような話をするためには、まず相手の望む理想の形を聞き出すことです。その上で現状を口にさせることで、一緒に懸案事項はなにかをつかみ、どのように解決すべきかを話せば、相手は身を乗り出して話を聞いてくることでしょう。「理想」「現実」「救い」の流れで話をすることで、効率的な営業ができます。

NGな言い回しは、「どのような懸案事項がありますか?」や「○○をすれば、御社の売り上げに大きく改善するはずです」と、「現状」や「救い」の話を最初にしてしまうことです。そうではなく、「どのようなビジネスを展開したいのでしょうか?」「御社のヴィジョンはどのようなものでしょうか?」と、理想から聞くことです。もしかすると、会社案内などにそれが載っていることもあります。それを読んでいれば、相手の会社のビジネスの理想像を詳しく聞き出せるはずです。

相手の心に刺さる提案をするためにも「理想」「現実」「救い」の筋道を立てて話すことが大切です。話の順番を間違えると、せっかくのよい提案も相手の耳に届かないことになりかねません。

POINT

理想の姿を口にさせ、うまくいっていない現実を突きつけた後、救いの手を差し伸べる

09

Evil psychological techniques

話を信じ込ませる「3つのポイント」の法則

× ポイントを絞らず話をする

○「伝えたい大切なことが3つあります」

詐欺師たちによる、番組アンケートをかたったアポ電では、質問を3つにとどめている点が巧妙で参考になります。これまで、様々な悪質業者や詐欺グループのメンバーと話してきましたが、「3」という数字がキーワードになっていることがわかりました。

例えば「競馬レースに必ず勝てる情報がある」「あらかじめ、競走馬の着順が決まっている」と嘘をついて、情報料金をだまし取ろうとする競馬詐欺業者は、嘘の話を相手に信じさせるために、わかりやすくポイントを3つに絞って話をしてきます

悪質業者は私に「競馬で稼ぐために伝えたい大切なことが、3つあります」と話を切り出します。

「1つ目は、たくさんの競走馬を育成しているAグループがあり、そこの馬は数多くレースに出場していて、このグループが主導する仕込みレースが年間にいくつか存在していることです」

「2つ目は、競馬情報会社B社の存在で、ここにはAグループの人たちが役員として多く入っていて、当社はこのB社から、Aグループによる仕込みレースの特別情報を手に入れています」

「3つ目は、表向きでは枠順をコンピュータによる抽選で決めていると公表していますが、仕込みレースでは、やらせ馬が勝てるように決められているのです。Aグループ、競馬情報B社、JRA（中央競馬会）の3つが融合して、仕込みレースができています」

このような説明をします。

私がこの話に関心を示したフリをすると、さらに詐欺業者は「3つのことを守って、情報を扱ってください」と話します。

「1つ目は、この情報を他言しない。2つ目は、このレースではその内容が真実かどうかを見極めてもらいたいので馬券は買わない。3つ目は、仕込みレースがあることを（第三者に）告げない」

このように、すべての説明が3つに切り分けられているのです。

この話術は、ビジネストークにおいてもよく使われるスキルです。

「伝えたいことは3つあります」といって、相手の頭のなかに3つの箱をつくらせ、自分の話したいことを伝えるようにすれば、相手に理解してもらいやすくなります。

私たちが誰かに買い物を頼まれて「リンゴ、醤油、豚肉を買ってきて」と3つ程度であれば覚えられますが、「このほかにも牛乳、納豆、キャベツ、タマネギ」などと数が増えるほど覚えきれなくなってくるのと同じ原理です。

プレゼンなどの説明においても、ポイントを3つに絞って話すことで、相手に理解してもらえやすく、話を覚えてもらえることにつながります。

これは質問をするときも同じです。番組をかたったアポ電も、4つ、5つの質問になると長く感じられて、面倒になり適当に答えられてしまうということがわかっているので、3つの質問にとどめて、話をしてきたと考えられます。

質問をするときや、重要な話をするときに、「1つ目は～、2つ目は～、3つ目は～」とポイントを絞ることが大切で、それ以上に質問が増えそうな場合は、優先順位やポイントの見直しが必要であるということを覚えておきましょう。

対人関係において、説明や質問が苦手だとの自覚がある方は、「3」という数字を意識して話すことで、その状況が改善することにつながります。

POINT

説明や質問を3つに絞ることで、相手に受け入れてもらいやすくする

10

Evil psychological techniques

使命感を持たせ自ら行動を起こさせる

×「○○しなさい」と強制する

○使命感を持たせ、「どうしますか?」と尋ねる近年、海外を拠点にした日本人詐欺グループによる被害が深刻化しています。すでにカンボジアから詐欺の電話をかけていた「かけ子」らは日本に移送されて逮捕されており、その数は30人以上にのぼります。

このグループが行っていたのが、老人ホームの入居権詐欺です。この詐欺では、高齢者に自分で行動を起こさせる手口が使われています。

まず詐欺師は大手の住宅会社を名乗り「あなたの家の近くに老人ホームができます。あなたは優先的に入居できる権利を得られるのですが、希望されますか？」と電話をかけてきます。

しかし、一軒家に住んでいる高齢者の女性は「希望しません」と答え電話を切ります。詐欺師はすでに入手しているリストや情報から、このように断られることは想定しています。

次に詐欺師たちは、数日後に別の業者をかたり「近隣にできる老人ホームへ、優先的に入居できる権利を持っている人を探しています」という電話をかけてきます。

女性が「先日、電話がかかってきました」と答えると、業者は「本当ですか？」と驚くような声をあげながら「当社には、老人ホームに入居したい人がいるのですが、優先権がないために困っています。ぜひ、権利を譲っていただけませんか?」と尋ねてきます。

これを聞いた女性は「困っている誰かの助けになるのなら」と「はい」と答えます。

さらに業者は「権利を持っている人しか、老人ホームに入居できないので、名前を貸してもらえませんか?」と畳みかけてきます。これに対して「わかりました」と答えてしまうと、詐欺師の巧みな罠にかかってしまうのです。

その後、老人ホームの業者から「あなたの名前で申し込みがあったが、本人確認をしたら別人であることがわかりました。これは名義貸しという犯罪行為になりますので、訴えさせてもらいます」などといいがかりをつけられます。そして、偽の弁護士なども登場し、示談金などの名目で金銭を要求されて、多額のお金をだまし取られてしまうのです。

この手口では「人助けをしてあげたい」という心理を悪用し、同意の言葉を引き出していきます。このように、詐欺グループは、自ら動きたくなる気持ちをつくり出し、うなずかせることが得意なのです。

同じような手口が、旧統一教会の高額献金でも行われていました。

まず、多額の貯蓄があると見込んだ信者を「家系図を取りましょう」と呼び出し、父、母、子どもだけでなく、親族すべての名前をあげさせ、鑑定士役が家系図を作成します。そして家系図を見ながら「親族をみると多くの人が病気や事故で亡くなり、悲惨な人生を歩んでいます。相当深い先祖の悪因縁があってこうなっています」と深刻な様子で話します。

さらに「その原因は、お金の恨みであり、強欲に人々からお金を奪い取った報いが因縁となっています。このままでは、もっと多くの方が亡くなります」と不幸な目にあうことを告げられ、不安になっているところに「これまでのお金は悪のために使われてきたので、これからは善のために使わなければなりません。わかりますね」と告げます。

信者はうなずき、鑑定士役は「あなたには親、子ども、親族を救う使命があります」とさらにダメを押します。

旧統一教会の教義では、神（統一教会）のためにお金を使うことは「善」と教えられているので、この話を聞いた信者は「自分には悪因縁を解いて多くの親、兄弟、親族を幸せに導く使命がある。そのためにも、お金を捧げなければならない」と思い込むようになるのです。

そのとき、鑑定士役は「○百万円の献金をしなさい」と直接には、いいません。「どうしますか？」と尋ね、本人の口から「○○百万円献金します」といわせるのです。

もし、そのときの金額が目標額より少なかった場合には、聖書における次のような話をすることもあります。

「聖書では、お金持ちと貧しい人が献金箱にお金を投げ入れたお話があります。お金持ちは多額の献金をしました。しかし、貧しい人は銅貨2枚しか献金しませんでした。しかし、これを見ていたイエス様はなんといったと思いますか？」

わからない様子で首を傾げる相手に「イエス様は『この貧しい人は、どの人よりもたくさん投げ入れた』といいました。それに対して『お金持ちは、自分の持っている有り余るなかから、お金を投げ入れましたが、この貧しい人は、持っていた生活費すべてを投げ入れた』といっています」というのです。

これを聞いた信者は自分の貯金の一部しか献金しないことを恥じて、全財産に近い金額を申し出るようになります。

巧みな話術を使う者たちは「○○しなさい」とは直接いわずに「どうしますか？」と尋ね、自ら行動を起こさせるように仕向けてきます。そのきっかけとして、人の良心や使命感をうまくコントロールし、誘導してくるのです。

POINT

人の使命感をうまくコントロールし、「どうしますか？」と尋ねて自ら行動を起こさせる

11

Evil psychological techniques

賛美の言葉で相手の気持ちを高揚させる

×「この化粧品はいかがですか？」

○「とてもお似合いです」「若返りますね！」

近年話題となった旧統一教会では、１９９０年代に膨大な数の信者を勧誘しました。それを可能にした勧誘テクニックの一つに「賛美のシャワー」というものがありました。

私が信者時代に持っていた、勧誘マニュアルの「賛美」の項目には「心が優しい方なんですね」「人から好かれるような感じですね」「輝いていますね」「なにかいいことあったんですか？」「スポーツマンタイプですね」「目がきれいですね」「知的ですね」「いいセンスしてますね」などの言葉を話すように推奨されていました。

相手を褒める手口で気分をよくさせながら、警戒心を解き、悩みなどの情報を引き出していくのです。このようにして多くの人たちが勧誘されていきました。

また、あるテレビ番組で、「褒め上げ商法」という高齢者の絵や詩などを褒め、展示会に出品する名目で高額な契約をさせる悪質な商法を行った業者が行政処分を受けたニュースを取り上げました。

そのとき、専門家として出演していた私は、コメンテーターから「褒めてなにが悪いのか？」と質問をされたことがあります。司会者からも「私も化粧品のお店に行って、店員から褒められて商品を買ってしまうことがあります。これは悪いことだと思いませんが、どうなのでしょうか？」と尋ねられました。

とても重要な指摘です。たしかにちゃんとしたお店で褒められて化粧品を買うことと、絵を褒められて契約することは、一見同じようにみえます。

問題の褒め上げ商法は、褒めること自体に問題があるわけではありません。大事な違いは、「目的を告げているどうか」なのです。

この商法では、突然、高齢者に電話をかけてきて「素晴らしい作品ですね」などと褒めてきます。そして相手の心が高ぶったところで「展示会に出品してみませんか？」と誘い、高額な契約をすすめてきます。最初に電話をかけてきた際に、契約させるという目的を話しておらず、相手の気持ちが高ぶって断れない状況まで誘導し、高額な契約をさせるのが問題なのです。

それに対して、化粧品店であれば、商品を購入するという目的が明確ななかで、褒められて商品購入を決定しているのです。

普段の生活のなかでは、人から面と向かって褒められることは少ないものです。そこをついて、悪質業者は「素敵だ」「素晴らしい」という褒め言葉を投げかけてきます。人はこうした言葉を受けて悪い気はしないので、気持ちが高揚し、警戒のガードが下がってしまい、簡単に誘導されやすくなるのです。

POINT

相手を褒めて気持ちを高揚させ、警戒のガードを下げさせて誘導する

12

Evil psychological techniques

周りの声を聞かせて信憑性を持たせる

×「この商品おすすめですよ」

○「この商品はみなさまにご愛用いただいています」

実在する電話事業者の名称をかたり、電話の自動音声ガイダンスや携帯のショート・メッセージ（ＳＭＳ）などを通じて「あなたの電話料金が未納です」という連絡をし、架空の利用料金を請求する詐欺があります。

最近では詐欺師の手口も巧妙になっていて、相手の反応をうまく切り返す様々なマニュアルを準備しています。

例えば、電話をかけた相手の高齢女性から「息子に相談してから、お金を払うか決めたい」といわれた場合、次のような対応がマニュアル化されています。詐欺グループは、事業者から連絡を受けたという警察官になりすまして電話をかけてきています。

被害者「息子に相談してから、お金を払うか決めます」

詐欺師「実は、私もそうしたいと思っていたんですよ。とても大事なことなので、こちらからも息子さんにお電話をしたいと思います。息子さんのお電話番号を教えてもらってもよろしいでしょうか？」

被害者「わかりました。息子の番号は０９０……」

詐欺師「ありがとうございます。では、私の方から息子さんに電話をかけますね」

このようにして詐欺師は息子の電話番号を聞き出すと、女性との電話をつないだままで、息子に電話をかけたフリをします。これは息子との会話している様子が聞こえるように、わざとそうしています。

詐欺師「〇〇（息子）さんでしょうか。お忙しいところすみません。実は今、お母様とお話をしていまして……はい。はい。そうですか。わかりました。お母様にもお伝えしておきますね。お忙しいなか、ありがとうございました」

そして通話が終わったように見せかけると、再び母親の電話に出ます。

詐欺師「息子さんは、かなりお仕事で忙しいようですね。詳しいことは後でお母さんに聞くとおっしゃっていて、とりあえず『手続きを進めるように』とのことでした」

女性は息子の了解が取れたのならと思い、偽の警察官の話に乗って金銭を支払う方向に誘導されてしまいます。このように詐欺師たちは、周囲の人物の了承が取れたように装い、相手に安心感を持たせたり、与えた情報の信憑性を高めたりして、行動を誘導してきます。

この手口を使う詐欺師たちは、電話越しに聞こえる音にも準備を怠りません。例えば、息子になりすました人物が「電車にかばんを忘れた。鉄道の落とし物係から電話がきたら、対応してほしい」と電話をかけてくる詐欺では、電車の音や駅の発車のアナウンスのなどを流します。「相手の車にぶつけて怪我をさせてしまった」という詐欺では、救急車のサイレンを流したりするのです。このようにして、周りの情報を付加することで、電話の信憑性を高め、相手を信じ込ませてくるのです。

このようなテクニックは、ビジネスやマーケティングの現場でもよくみられます。お店や広告などでよくみる「みんなはじめてる！」「みなさんからご好評いただいています！」といったセールスコピーも、周囲の声を参考にして商品やサービスに対する信憑性を高めるための同様のテクニックといえるでしょう。

POINT

周囲の意見を聞かせ、安心感や信憑性を高めて誘導する

13

Evil psychological techniques

接触の回数を増やして信頼を得る

× 打ち合わせの回数はなるべく少なくする

○ 打ち合わせや雑談など接触の回数を増やす

近年騒がれている闇バイトのニュースをみていると、犯罪に手を染めてしまった人たちは「どうして犯罪だと気づいて、途中でやめないんだろう？」と疑問に思ったことはないでしょうか。実はここにも、だまされている本人も気づかないような罠が潜んでいるのです。

私が取材したのは一児の母である30代の女性。子どもを保育所に預けているスキマ時間に仕事ができればと思い、ＳＮＳで「日払いバイト」と検索して「日給1万5千円！平日9時から18時の間で週4日くらいできる方」という求人を見つけます。さっそくＤＭ（ダイレクト・メール）で応募し、相手からの返信で「暗号資産の仕事」と連絡があり、仕事の内容の説明を受けます。

仕事の説明をした男性によると「これは相対《あいたい》取引です。本来なら互いに顔を合わせて取り引きするものを、遠方に住んでいて直接会うのが難しい両取引先に代わり、自分たちが代行して取り引きしています」といいます。

女性は暗号資産についての知識はありませんでしたが、「それなら私にもできそう」とやってみることにします。彼女は闇バイトの存在は知っており、あやしい仕事には手を出さないように注意していましたが、もっともらしいビジネスの説明をされ、その時点では犯罪だと気づけなかったそうです。

女性の初仕事は、路上で中年の男性が持ってきた荷物を受け取り、それを指定した場所に届けるという簡単な仕事でした。つゆほども闇バイトとは思わずにこなします。

しかし、彼女は2回目の仕事で「闇バイトかもしれない」と気づくことになります。

2回目の仕事は、応募時の説明にもあった相対取引で、取引先に向かうよう住所が送られてきました。住所の付近に到着するとメッセージアプリで次のような連絡がきます。

「立ち止まらないで、そのままその住所の家の前を通りすぎてください。周りにあなたと同じような同業者はいないでしょうか？」

特に人影もなかったので、彼女は「いません」と答えます。そして取引相手の服装が伝えられ「相手がこれから紙袋を持って来られるので、書類を受け取ってください」と指示されます。しばらくすると、指定の場所に、80代くらいの高齢女性が紙袋を持ってやってきます。

彼女は近づき、「書類を受け取りに来ました」というと、高齢の女性は「はい」と答えて紙袋を渡してきます。しかし、荷物を受け取って高齢女性と別れた後に、彼女の心に不安がよぎります。

「路上で紙袋を渡される。もしかすると袋の中身は現金かもしれない……」

ここで、女性は指示役の男性に電話をかけ、「この仕事はもしかして、詐欺や犯罪ではないですか?」とはじめて疑問をぶつけます。

しかし、指示役の男性は冷静に「それはあなたの先入観です」と諭してきました。そして、あらためて相対取引というのはどういうものかということを延々と説明されます。

結局、女性はうまく言い包められ、子どものお迎えの時間もあり、疑問を持ちながらも、紙袋を次の人物に渡す行為をしてしまったといいます。

指示役の男性の背後には犯罪グループが存在し、このような様々な事態は想定され、対策していると考えられます。そのため女性の疑いを丸め込むのはいとも簡単だったことでしょう。

さて、ここまで闇バイトの事例をみてきて、どこに罠があったかおわかりでしょうか?

女性が指示役の男性の説得で丸め込まれてしまった場面でしょうか? 実は、そうではありません。

この事例で、女性が切り抜けなければならなかったのは、闇バイトかもしれないと疑いを持った時点で、「誰に相談すべきだったか」という点です。

なぜ女性は、疑いを持った相手（犯罪グループ）に相談を持ちかけてしまったのでしょうか。犯罪グループに「犯罪ではないですか？」と持ちかけても、そのような事態を想定されていれば、丸め込まれてしまうことは目に見えています。冷静に考えれば、両親や家族、知人、警察など、第三者に相談することもできたはずです。

これには単純接触効果（ザイアンスの法則）と呼ばれる心理現象が働いていると考えられます。

女性は犯行に至るまで、指示役の男と長い期間、仕事の説明や指示などを電話やメッセージでやり取りしていました。非対面ではありますが、犯罪グループは、何度も話したり交流を持ったりすることで相手との接触回数を多くし、信頼を積み重ねていったと考えられます。その結果、どんな些細なことでも、上司・部下の関係のように報告、連絡、相談をする関係まで信頼を高められていたのです。

そのため、不安がよぎった女性は、仕事の上で一番身近に感じていた指示役の男性に相談を持ちかけてしまったのです。

この心理現象は自分では気がつきにくく、誰でも陥ってしまう可能性があります。

この単純接触効果は、世間一般でもよくみられ、マーケティングでいえば、コマーシャルや広告を繰り返し放送・表示させるテクニックが、この効果を期待した手法の一つといえるでしょう。ビジネスシーンでいえば顧客との雑談や交流の機会を設けたり、何度も打ち合わせの時間をつくったりすることで、好感や信頼の度合いをあげることができます。

POINT

打ち合わせ、雑談、電話など接触の回数を増やして信頼を得る

14

Evil psychological techniques

はじめは与えてその気にさせる

× 目先の利益にとらわれる

○ はじめは与えて行動を起こさせる

コロナ禍の海外渡航の規制が落ち着いた時期から多発しはじめたのが「海外での高級腕時計の買いつけ」のバイトと称し、被害にあうケースです。これもいわゆる闇バイトの一種といえますが、大手の求人広告で募集されていることもあり、だまされてしまう人が多くいました。求人では「海外旅行が好きな人にぴったり」「海外バイヤーで高収入」など甘い言葉で勧誘しています。実際に、この募集に応募した男性の話を聞くことができました。

男性が求人に応募すると、とあるビルの一室で面接が行われたといいます。すると30代くらいの男が出てきて、履歴書をみながら「海外で商品の買いつけをするバイヤーの仕事です」と、次のように詳しく説明をされます。

「海外にはグループで行き、先輩のバイヤーさんに先導してもらうので安心してください。具体的な仕事の内容は、お店で高級時計を買いつけてもらいます。購入はご自身のお金（クレジットカード）で買っていただきます。報酬は購入した金額に応じた出来高払いです」

面接をする男はさらに続けます。

「個人で買いつけをされる方もいますが、自分でバイヤーをしようと思うと、渡航費用や宿泊費の出費や、高級時計の売り先を探すのが大変ですよね。その点、弊社では渡航費用や宿泊費を負担し、先輩のバイヤーさんが買いつけのやり方まで教えてくれるので、心配はありません。購入先もすでにつき合いのあるお店ですし、時計の持ち帰りも、経験のある先輩のバイヤーさんがまとめて税関でやってくれます」

このように説明され、応募した男性は「魅力的な仕事だな」と感じてきます。さらに男は、報酬についての説明を詳しくはじめます。

「報酬は支払った代金にプラスして手数料を購入金額の5〜6％お渡しします。クレジットカードはお持ちですか？ あらかじめカードのショッピング枠を増額してもらうと、カードが4枚あれば1200万円程度の買いつけができるので、60万〜72万円の報酬になります」

このようにして多額の報酬に心ひかれて、仕事を受けてしまう人が多く出たのです。

実際にこの手口では、面接の説明の通りに無料で海外へ渡航し、指示役（首謀者）から指南を受けた、長くバイトをしている先輩バイヤーとともに指定された店で買いつけを行います。人によっては、1年に渡り報酬と時計の購入代金が支払われました。実際に、被害にあった別の女性に話を聞くと「疑問を持つことはなく、入金もされたので安心しきっていた」といいます。

しかし、買いつけを行っていたある日突然、入金が止まり、指示役の男と連絡が取れなくなってしまうのです。すでに高級腕時計は指示役に手渡しているので、商品は手元になく、買いつけた多額な金額が負債となりました。

この手口が巧妙なのは、「はじめのうちはきちんと報酬が支払われていた」点です。悪質業者は相手の求めるもの（報酬）をはじめに与えて信頼を獲得し、相手を手玉に取っています。相手の「実際に稼げた」「入金されて安心」と思う心理を利用し、「もっと稼ぎたい」と思わせて、はじめは数百万円だった買いつけ額を、数千万円にまで金額を広げさせているのです。つまり悪質業者は、はじめは報酬を支払って「損」を取り、買いつけ金額を引き上げ、結果的にたくさんの高級時計をだまし取って「得」をしているわけです。

この「損して得取れ」の手法は、目先のわずかな利益にとらわれず、将来の利益を見すえて行う投資のようにとらえ直すこともでき、ビジネスやマーケティングでもよく目にします。飲食店などがＰＲで行うクーポン券や無料券の配布がその一つでしょう。

無料券を配れば飲食店は一時的に損をするわけですが、広い目で見れば店に来てもらって常連客となるきっかけとなったり、ほかの商品の「ついで買い」につながったりと、損した分以上のメリットが多くあるのです。

POINT

はじめは「損」をしても与え、相手に行動を起こさせて「得」を取る

15

Evil psychological techniques

ソフトな歩み寄りで行動させる

×「契約してください！」

○「悩みますよね。こちらも協力するので、一緒に頑張りましょう」

有料サイトの架空の利用料金を請求する詐欺では、債権回収会社と称する人物が取り立てを装う手口があります。身に覚えのない請求に、私が被害者になりきって問い合わせると債権回収会社をかたる男は、次のように切り出します。

詐欺師「あなたは、○○というアダルトサイトの動画を繰り返し見ていますので、サイトの運営会社に対して未納料金が発生しています」
被害者「そんなアダルトサイトは見た覚えがありません」
詐欺師「利用した履歴が運営会社側のサーバーに残っているので、お金は払わなければなりません」
被害者「困ったな……。どうしたら、よいでしょうか？」
詐欺師「本来、あなたが払わなければならない金額は、延滞料などを含め30万円になります。すぐに払えますか？」
被害者「そんなに高い金額は払えません」
詐欺師「しかし、これ以上放置すると、さらに延滞料金が発生します。ますます払えなくなりますよ」

被害者が「そうですね」と弱った様子で言葉を発すると、ここまで強い口調で話していた詐欺師の男は、一転して優しい口調になって切り出します。

「ご提案なのですが、もし今日中にお金を払う約束をしていただければ、運営会社に交渉して、半額の15万円にできるように頑張りますが、いかがでしょうか。私が運営会社にかけ合いますよ」

詐欺師の男は、アダルトサイトの運営会社から依頼を受けて料金請求をしている債権回収会社なので、それができるというのです。

それでも、被害者がお金を払うことに躊躇していると、詐欺師は次の手を出してきます。

「15万円お支払いいただいて、もし本当にサイトを利用した覚えがなければ、サポートセンターの方で、クーリング・オフの手続きをします。申請が通れば現金書留で返金されますので、ご安心ください」

今度は、8日以内であれば無条件の解約ができる「クーリング・オフ」の制度があることまで教えてくれるのです。これを使えば一時的に支払いをしても、その金額はいずれ返ってくるというのです。

このように、自分のために減額の提案や返金の方法まで丁寧に教えてくれるため、被害者はそのありがたさを感じて、お金を支払ってしまう人が多くいます。

ちなみに、クーリング・オフによる返金の話は全くの嘘です。インターネット上での契約や通信販売にはクーリング・オフの規定がなく、詐欺師たちはもっともらしい言葉を並べてだまそうとしているのです。

かつての詐欺グループは「金を払え！」と一本調子な口調で迫ってくることが多くありましたが、それだけでは成果があげられなかったのでしょう。近年では、運営会社と債権回収会社のように、間を取り持つ存在になりきってソフト応対をしてきます。

この事例で使われているのは、相手の気持ちに歩み寄る姿勢をみせて誘導する手口です。

ビジネスにおいても、「お支払いをお願いします」「契約してください」と、ごりごり迫るやり方だけでは、交渉はうまくいきません。
相手の様子をみながら、共感して寄り添うように問いかけます。例えば契約で悩んでいる相手に「ご判断に悩まれる気持ちもわかります。当社も御社のためにできる限りの力を貸せればと思います。私が上司にかけ合ってなんとか、御社の要望を通すようにします」などと話すことで、相手の行動を誘発しやすくなります。

POINT

相手の気持ちに歩み寄る姿勢をみせて、相手の行動を誘発させる

16

Evil psychological techniques

「あなたが選ばれました」といって気を引く

× そのまま情報を伝える

○ 「あなた++だけに特別に話すのですが……」

コロナ禍の時期に、生活困窮者をターゲットとした当選・支援金詐欺が横行しました。この詐欺の手口は、「あなたは当選しました」などと高額の当選を装い、当選金を受け取るための手数料をだまし取ります。「あなたは選ばれた存在です」といって聞き耳を持たせ、アプローチしてくるのです。その当時は、世の中も給付金が支給される状況だったため、被害にあった方は多いのではないかと思います。

この手口ではまず、ショート・メッセージ（ＳＭＳ）などに「当選確認お願いいたします」というような内容が送られてきます。そして内容を確認すると「今すぐプレゼント内容の当選確認」と書かれ、「０９０」からはじまる携帯番号が載っています。

この電話番号にかけると自動ガイダンスで「確認が完了しました。ご登録ありがとうございました」という音声が流れ、すぐに切れてしまいます。

そして時間をおいて、再度ＳＭＳが送られてきます。そこには自分の携帯番号とともに「当選者の方でお間違いありませんか？」というメッセージとＵＲＬが届きます。

すると次のような画面が出てきます。

「政府機関の調査にて、医療、年金、金融機関等の情報提供からあなた様が救済対象者として選ばれました。生活福祉金として5億円の無料振込をさせていただきます。生活福祉金とは、国民の皆様を救済することを目的として、内閣府特命担当大臣を筆頭に厚生労働省を交え、数年前から実施された国民救済制度です。全国民の皆様を一同に救済することはできませんが、毎月、数名～十数名の方を順に政府機関の規定規約に則り選出し、生活福祉金をお振り込みさせていただいています」

このようにもっともらしい言葉を並べた説明が表示されます。ちなみにこの文面に出てくる生活福祉金に似た名称で「生活福祉資金貸付制度」というものを厚生労働省は実際に行っていたり、同じく文面に出てくる「銀行法施行令」は本当にある法律だったりするので、だまされてしまいやすいわけです。

当選制度の説明に続けて、「5億円の生活福祉金を受け取るためには、【5億円振込実行】のボタンを押してください」とあるため、そのボタンを押すと、まもなくして3度目のSMSが届き、具体的な5億円の受け取り方法が載っているのです。その内容は次の通りです。

「銀行法施行令の規定に基づき、無料振込を行うために口座登録を行う必要がありますので、一度のみ口座登録費用として3000円をコチラからチャージしてください」

このように、その場で決済できる電子マネーを巧みに利用し、3000円の手数料をだまし取るのです。

一見、詐欺だと気づけそうな手口ですが、多くの人が被害にあっています。50代の男性はスマホに届いた「3億円を送金する」というメールが届いたことをきっかけに、約400万円の電子マネーをだまし取られています。別の50代男性も「55億円を支援します」というメールが届き、2年間にわたり約350回も電子マネーを購入して1600万円の被害にあっています。このように「あなたは選ばれました」といって、特別感や選ばれた意識を持たせて気を引く心理効果は、考えている以上に強いのです。

ビジネスにおいても「誰でもが聞ける話ではない」と特別感を持たせて話を持ちかけるのはとても有効です。

相手に仕入れた情報をそのまま話すのでは芸がありません。情報を伝える前に、特別感を演出する言葉を添えるのです。例えば、「まだ誰にも話していないことで、これまでお世話になった○○さんだから話すのですが……」というように、「あなたには、特別に話を聞く資格がある」ということを含めてから情報を伝えることで、信頼感を高め、相手の心に響かせることができます。

POINT

特別感や選ばれた意識を持たせて話を持ちかけ、気を引く

第3章

交渉を有利に運ぶテクニック

17

Evil psychological techniques

フットインザドアで大きな要求をのませる

× いきなり大きな要求を突きつける

○ 小さな要求から段階的に受け入れてもらう

仮想通貨への投資や近年はじまった新NISAなど投資への関心の高まったことから、新たな形態の特殊詐欺が急増しています。そのなかでもSNSの普及にともなった「SNS型投資詐欺」が巧妙化しています。

この詐欺の手口は、SNS上で魅力的な肩書きを持った著名人になりすまして、投資グループに誘い、偽の投資サイトに誘い入れてくるだけでなく、成功者の証しといわんばかりに高級外車や札束などを写真にアップし、「短期間で大金を稼ぐなんて簡単」とアピールして誘導することもあります。そして、高収益の投資案件や秘密の投資テクニックを持っているかのように装い、出資金を出させるのです。もちろん最終的には詐欺グループに資金を持ち逃げされます。

この詐欺では、はじめのうちは小口の出資に手を出させ、実際に利益の還元も行われるのが特徴的です。そうやってターゲットを安心させ、だんだんと高額の出資を提示するという巧妙な罠になっています。

この手口には「フットインザドア」と呼ばれる交渉における心理テクニックが使われています。この言葉は、訪問販売のセールスマンが、扉を閉められないように靴先をドアに突っ込んで話を聞いてもらう行為（foot in the door）に由来していて、はじめの要求を受け入れさせ、次の要求を拒否しにくくさせるテクニックになっています。

ほかの詐欺でもフットインザドアを利用した悪質商法があります。こちらもＳＮＳの普及によって生まれた手口です。

台湾に住む50代の女性は、日本語を台湾の人たちに教えたいと考えていました。自分のＳＮＳにレッスンの紹介動画を載せて生徒を募集しようと考えた女性は、動画のつくり方をネット上で探していました。

そんなある日、ＳＮＳを散策していると「動画編集が10日間無料で学べる」という広告を目にしました。女性は、動画をつくるならきちんとスキルを身につけたいと思い、広告をクリックします。動画編集を教える業者につながるとさっそく申し込み、すぐにＬＩＮＥで5分ほどの動画が送られてきました。送られてきた講座は、わかりやすくためになるもので、広告の通り10日間きちんと毎日送られてきました。

無料の視聴期間が終わると「有料コースのオンライン説明会に参加してみませんか」と誘われます。女性は無料の動画がわかりやすかったので、有料コースはどんなものか話を聞いてみることにしました。

説明会では、動画編集の将来の有望性や、有料コースの卒業生たちが動画編集の仕事をはじめ、数ヶ月で何十万円も稼いでる、といった話がされていました。

有料コースの受講料は100万円と高額だったので女性はいったん悩みますが、「3日以内に申し込んだ方限定で、80万円に値引きします」といわれたことや、無料動画の質がよかったこと、これからの時代は動画編集の需要が増えて稼ぐことができるかもと考えたことなどから、多少高くても将来の役に立つかもしれないと思い、申し込みをしてしまうのです。この手口の結末は、きちんと有料講座の動画は送られてきたものの、無料のときとは比べ物にならないほど、初心者にはさっぱり内容がわからないようなひどい動画で、サポートもアクターフォローもない悪質なものだったと女性はいいます。

この悪質な業者は、まさにフットインザドアのテクニックを使い、はじめは「無料講座の登録」という小さな要求をのませて、次に高額な契約を結ばせることに成功しています。

このフットインザドアは、営業やマーケティングの現場でも効果的に使用できるテクニックです。例えば、商品を売る上で「この商品は本当に素晴らしいので100万円と高額です。でもそれだけの価値があります！」といっても、はじめから高額な提示では相手に警戒心を持たれてしまうでしょう。

それに対して「この商品、2週間でいいので、お試しで使用していただけませんか。その分のお代はいただきますが少額でお得です」といえば、引き受けてもらいやすくなります。もし相手が商品を気に入ったようであれば、「商品の購入もご検討ください」とお願いしやすくなります。

POINT

はじめは小さな要求を受け入れさせ、段階的に大きな要求を承諾させる

18

Evil psychological techniques

ドアインザフェイスで本命の要求をのませる

✕ いきなり本命の要求を突きつける

○ 大きな要求を断らせ、本命の要求をのませる

オレオレ詐欺や振り込め詐欺にはじまり、この種の詐欺は急速に巧妙化しています。なかでも、複数の人物が登場して相手をあざむく劇場型詐欺は、巧みな計画と演技、感情操作を駆使して、相手をだましてきます。

この劇場型詐欺では、これまでみてきたような警察官や家族のなりすましに加え、無関係ともとれそうな第三者の人物へのなりすましもみられるのが特徴です。これによって説得力のあるストーリーが展開されます。そしてこの手口にも相手に要求をのませる心理テクニックがみられるのです。まずは一つの事例をみてみましょう。

高齢女性のもとに医者をかたる男が電話をかけてきます。

「息子さんが、喉が痛いということで病院に来られまして、診察したところポリープが発見されました。これから悪性か良性かを判断するために詳しい検査に入ります。いくつかご家族の方にも問診をお願いしたいのですが、お母様の血縁の方で、以前にがんを患った方はいますでしょうか?」などと切り出します。

詐欺師はここで、「息子の喉にポリープができた」ということを印象づけながら、女性の個人情報や性格などを聞き出していきます。

医者からの電話はほどなくして終わり、次に息子をかたる人物から電話があります。「今、病院の公衆電話からかけてる。今、検査の結果待ちなんだ。喉が痛くて……」と話しはじめます。

詐欺が見破られるパターンとして、息子の声がいつもと違うと気づくケースがありますが、「息子は喉の病気」と聞かされている女性は、声が違っていることを不自然に思わず、受け入れてしまいます。

そして息子をかたる男は再び電話をかけてきて「実はさっき、公衆電話の上に携帯電話と財布の入ったカバンを置き忘れてしまった」という話を展開します。そして「今から病院の警備員室に行って紛失届を出すから、もし警備員から電話があったら対応してほしい」とお願いされます。

しばらくして、警備員を名乗る男から電話があります。

「○○さんのお母様のお電話で間違いないでしょうか。届け出がありましたカバンが見つかりまして、ご本人確認をさせてもらってもよろしいでしょうか？　息子さんのお勤め先はどちらでしょうか？」と追加で詳しい個人情報が抜き取られていきます。さらに「現在、お一人暮らしですか？」と家族の個人情報まで知られてしまいます。このように情報を手に入れた詐欺師たちは、よりリアルな詐欺の展開を組み立てるのです。

話は最終局面に差しかかります。ここからは要求をのませるテクニックも組み込まれていきます。

忘れ物のやり取りの後に、息子をかたる男は「カバンは見つかったんだけど、財布や会社名義のキャッシュカードがなくなっていた」といい出します。「どうやらカードを盗んだ人物がお金を引き出そうとしたらしく、暗証番号を3回間違えて、口座が凍結されてしまった。このままでは会社として、今日中に取引先に払うべきお金が引き出せない」という困った事態になっていることを告げます。

女性に、息子が会社に迷惑をかけていると思わせたところで、息子役の男は「一時的にお金を貸してもらえないかな。2日後には口座の凍結が解除されるから、そのときすぐに返すからさ。今いくらだったら用意できる?」と聞いてきます。ここで多くの方はお金を用意してしまいますが、これでうまくいかない場合には、次の手を出してきます。

息子の上司を名乗る人物が電話を代わり「今日中に取引先に払う金額は500万円です。私の方でも家族にかけ合い、なんとか200万円を工面しました。今回のことで息子さんに責任を負わせたくないのです。お母さんいくらかでもお願いできませんか?」と切り出しはじめます。

残りの300万円を要求されているわけです。あまりに高額のため女性が困っていると、上司役は切り札を出します。「私の方でも、さらに親族にかけ合って、なんとかもう200万円は準備したいと思っています。残りをなんとかしてもらえないでしょうか」。

それを聞いて女性は、息子を助けたい一心で「100万円ならなんとか」と条件をのんでしまいます。それを聞いた、上司役は息子に代わり「ありがとう! 俺は急いで取引先に向かうから、部下を家に向かわせる。お金を準備して待ってて」といい、女性は最終的に息子の代わりに家に来た人物(受け子)に現金を渡してしまうのです。

ここまでの手口をみて、非常に複雑で綿密な計画が立てられていることがおわかりかと思います。これが劇場型詐欺の特徴です。この最終局面では「ドアインザフェイス」と呼ばれる、心理テクニックが使われています。この用語は、海外の慣用句「shut the door in the face(門前払い)」が由来で、最初にあえて難易度の高い要求を相手に断らせ、次の小さな要求(本命の要求)を断りにくくするテクニックを指しています。

別名「譲歩的依頼法」とも呼ばれ、相手の上司役が「私も200万円工面しました」「さらに追加で200万円もなんとかします」と一部の条件を譲ってくれたときに、被害者女性は「次は自分がお返しをしなければ申し訳ない」という心理になり、要求を受け入れてしまうのです。

ドアインザフェイスはビジネスシーンでも活用され、取引先と行う見積もりの金額交渉や納期の交渉などでよくみられます。相手に譲歩する姿勢をみせ、こちらの本命の要求を受け入れやすい状況をつくるため、例えば値引きの交渉であれば、はじめの値引き額では控えめに伝え、さらに値引きの依頼が来るようであれば、譲歩する形で本来予定していた金額まで下げるといったように、段階的に交渉をするとよいでしょう。

POINT

はじめに大きな要求を断らせ、次に提示する本命の要求を承諾させる

19

Evil psychological techniques

Y字路話法でどちらに進んでもゴールに導く

×一つの道筋で勝負する

○話の分岐点を想定し、どちらに進んでも同じ着地点に導くマイナンバー制度が開始された頃、この制度に便乗した詐欺が横行しました。特にこの当時、システム障害や通知書送付の遅れなどがあったため、この混乱につけ込まれた形となりました。

代表的な手口では、役所の職員風の男が訪問し、「マイナンバーの通知封筒は届きましたでしょうか」と尋ねてきて、「手続きを代行しますよ」「すぐに封書を送らせますよ」など相手の反応によって対応を変え、手数料としての代金をだまし取ります。

この詐欺師たちが巧妙なのは、Y字路のような話の分岐点を事前に想定し、どちらに話が進んでも、結果的には金銭を要求するゴールに導かれるようにする話法です。私はこのようなテクニックを「Y字路話法」と呼んでいます。

まず詐欺師の男が、「マイナンバーの通知封筒は届きましたか?」と尋ねれば、相手の答えは「届きました」か「届いていません」のどちらかになります。この2つに分かれてしまう回答を分岐点として、詐欺師たちはどちらに進んでも対応できるように誘導するのです。

相手が「届きました」と答えれば、「それはよかったです! 本日はその確認でした。マイナンバーカードの手続きは、不慣れだと時間がかかりますので、よろしければ代行いたしましょうか？」といって、代行費用を請求します。

相手が「まだ届いていません」と答えれば、「お時間いただいており誠に申し訳ございません。手数料はかかるのですが、よろしければすぐにお調べして早急に送らせますがいかがしますか？」と手数料を請求します。

このように、相手の話がどちらに進んでも、最終的に同じ着地点にくるように誘導しているのです。

このテクニックは電話の自動音声ガイダンスを悪用した詐欺でも使われています。

例えば、身に覚えのない有料サイトの料金請求があり、電話で問い合わせると「あなたは、有料コンテンツに登録しています。現在までに利用料金が支払われておりません」という音声ガイダンスにつながります。

続けて音声ガイダンスから「ご請求金額を知りたい方は1を、心当たりのない方は2をプッシュしてください」と流れます。ここに分岐点がつくられているのです。

選択肢を与えられているようにみえて、結局のところ、どちらを押しても業者につながり、個人情報や金銭をだまし取られるように導かれています。

被害者はあたかも自分で選択して動いているようにみえますが、実はY字路の分岐に差しかかっている時点で、詐欺師が意図する方向にコントロールされているのです。

POINT

Y字路のような話の分岐点を事前に想定し、どちらに進んでも同じゴールに誘導する

20

Evil psychological techniques

本来の懸念から視点をずらして切り返す

×「では少しだけ割引します」

○「長期的にみればこの値段はお得なんです」

相手から否定的なことをいわれ、それに切り返して話を続けることは、苦手だと感じる人が多いかもしれません。マイナスな状況から好転させるには、相当なエネルギーが必要だと感じるからです。

その点、詐欺師たちは、基本的に断られることを想定しているため、ネガティブな反応から切り返す話術に長けています。

ここで、私も体験した絵画商法と呼ばれる悪質な商法の事例をみてみましょう。

絵画商法とは常設店舗やギャラリーではなくイベント会場などで絵画の展示会を開催し、相場よりも高額な価格で売りつける悪質商法です。

街頭で若い女性から声をかけられ、展示を見るだけのつもりで会場に入ると、声をかけてきた女性もついて回り、頼んでもいない絵の説明をしてきます。

一通り見終わると、その女性は「どれか気に入ったものはありましたか?」と尋ね、コーヒーを差し出しながら席にいざない、リラックスさせてきます。

ここで私が「あの絵は素敵でしたね」というと、席まで絵を運んでくれ、女性はここぞとばかりに「この絵を選ぶとは、お目が高いですね。とても人気のある絵なんです。これは150万円ですが、家に1枚あったら心が癒やされますよね。いかがですか？」と切り込んでくるのです。

それに対して「高額で手が出ないですね」というと、女性は「もし、この値段が3万円くらいだったらほしいですか？」と聞いてきます。

私がそれにうなずくと、女性は「クレジット払いなら、月々そのくらいの値段で買えますよ」といって、ローン会社のクレジット表をめくりだします。月額払いであれば、月々の支払いは手頃になるので、簡単に絵が手に入ると錯覚させ、契約をすすめるのです。

悪質業者にとって「高い」というネガティブな言葉が出てくるのは想定内なので、あえてその言葉をいわせて、解決策を提示しています。

それでも契約に至らなければ、「絵との出会いは運命です。一度しかない出会いを大切にすべきです。もう二度と会うことはないかもしれませんよ。絵は買いたいと思ったときに買わないと、絶対に後悔します」と、一期一会であることを強調してきます。

こうした「一生に一度しかないチャンス」と思わせる話法は、本来の「高額」という懸念から、視点をずらして切り返すテクニックです。

また、このような迫られ方もあります。20代の男性が悪質業者の女性から「私は現在30

代なんですが、20代の頃を振り返ってみて、悲しいことが一つあります」と情感を込めて語りだします。「20代の頃は、毎日遊んでばかりいて、思い出になる品物を一つも残していませんでした。あなたには後悔をしてもらいたくありません。あなたは、そんな思い入れのある物を持っていますか?」。

男性は「特になにも……」というと、業者の女性は続けて「であるなら、この絵を買うべきです。考えてみてください。飲み会では1回につき、数千円を使います。その1回分の飲み会代を我慢して、月々の絵の購入費にあててはどうですか? 同じ金額でも、なにも残らない飲み会と思い出が手元に残る絵画とでは、どちらの方が素晴らしいでしょうか?」と畳みかけてくるのです。

ここで使われているテクニックも、先ほどと同様に視点をずらす話法で切り返しています。「高額」という懸念点から、「同じ金額を使うなら、飲み会よりも、絵を購入することの方が素晴らしいことだ」という話に切り替わっているのです。男性は「月に1回飲み会を我慢すれば、この絵が手に入るのか」と手軽なように錯覚し、契約をしてしまうのです。

ビジネスシーンにおいても、相手の認識を置き換えることで、交渉の流れを変えることができます。例えば、業務効率をアップさせるために新しいソフトウェアの導入を提案していたとします。そこでクライアントから「でも、導入コストが高すぎるな……」と懸念を示された場合、「確かに初期費用は必要です。ただ、このソフトを導入すれば数年で初期費用以上の人件費が削減できます。むしろ、今導入しない方が将来的にさらなるコストがかさんでしまいます」と「長期的な視点での先行投資」の路線に切り替えて話すことができるのです。

POINT

本来の懸念点から視点をずらして、交渉の流れを変える

21

Evil psychological techniques

ABCの役割分担で効率的に契約させる

× 1人で契約に結びつける

○ つなぎ役と説得役で分担し契約に結びつける

悪質なマルチ商法では、チームを組んで相手を誘い出し、効率的に契約につなげます。私が潜入した事例では、ビジネス交流会で知り合った女性から「新規ビジネスの説明会があるので来ませんか」と誘われます。詳しい情報は教えてくれず「詳しくは会場で」とはぐらかした答えが返ってきます。

本来、勧誘をするときには会社名を告げなくてはいけないと法律で決まっていて、勧誘の目的（マルチ商法への勧誘）も隠してはいけないことになっています。

誘われたセミナーに参加すると「携帯電話につける1万円ほどの小型の付属機器を、マルチ商法の形で販売すれば儲かる」というような話がされ、セミナーの後、女性から「もっと詳しい話をしたい」と喫茶店などに誘い出されるのです。セミナーの高揚感のなかで、一気に契約まで持っていこうとするのが悪質なマルチ商法の手口です。

こうした勧誘の多くは、契約を効率的に成約させるために、アドバイザー（adviser：説得役）、ブリッジ（bridge：つなぎ役）、カスタマー（customer：客）の形をとったテクニックを使うことがあります。このテクニックはそれぞれの頭文字から「ＡＢＣ」と呼ばれています。

この場合、私をセミナーに誘い出した女性はブリッジ役で、喫茶店に誘い出した客（カスタマー）から、雑談を交えながら情報を引き出す役割も担っています。「セミナーはどうでしたか？」「最近、どんなものに興味があるんですか？」「お仕事の方は順調ですか？」など、巧みな質問で情報を聞き出していきます。

そして後から登場する説得役のアドバイザーには、ブリッジ役よりも上の立場の人間を割り当て、より権威のある人間から直接プレゼンテーションをすることで、契約の成約率を高めます。ブリッジ役はその横で「お金を稼ぎたいという強い意欲を持っている方です」「新しいものに前向きな方です」などのように、契約にこぎつけるまでのアシストをするのです。

カスタマーに接触するブリッジ役が、情報収集をするという役割分担をすることで、アドバイザー役も効率的に説得材料を入手することができ、契約が成立しやすくなります。

話題となった旧統一教会の過去の信者勧誘でも同様の手口がみられました。そのなかでも、信者が担うブリッジ役は重要な存在でした。

ブリッジ役の信者は、街頭で道行く人に「アンケートをお願いします」「手相の勉強をしています」と声をかけます。もちろん自分の身分は隠し、「今度、有名な占いの先生に直接みてもらいませんか」など、様々な理由をつけてビデオセンターと呼ばれる旧統一教会の教義を教え込む施設に誘い込みます。

施設に誘い込む約束を取りつけると、「占いの先生が空いているか電話で確認しますね」といって、アドバイザー役に仕入れたターゲットの情報を伝えます。

占いの場では「この先生は、すごく占いが当たることで有名で、私も尊敬しています」「悩みがあれば、なんでも聞いてください。きっと解決できます」とアドバイザー役を持ち上げながら、真剣な話をする環境をつくりあげていきます。

そうすると、カスタマーも心から自分の悩みを話し、占いに真剣に向き合っていきます。

旧統一教会が巧妙なのは、ブリッジ役の信者は、ある一定の時間が経つと席を立ち、責任者に、現状の共有と今後の立ち回り方の指示を受けるのです。こうすることで、契約成立のための緻密な軌道修正をすることができ、カスタマーはアドバイザーに悩みと心をしっかりつかまれてコントロールされやすくなってしまうのです。

このＡＢＣの形式は元来、訪問販売などで開発されたものといわれ、ビジネスシーンで活用されてきました。自分は「つなぎ役」に徹して顧客と積極的に接点を持つことに集中し、最終的な局面で「説得役」の上司を同行させることで、契約すべてを1人で進めるよりも、効率的に交渉成立に結びつきやすくなります。

POINT

ABCの形態で役割を分担し、効率的に交渉を成立させる

22
Evil psychological techniques

「複数」対「1人」の体制で優位に立つ

× マンツーマンで交渉する

○ 複数人の体制で交渉する

悪質な訪問販売や、大手のインフラ業者を装う窃盗では、単純でありながらも効果的なテクニックが使われています。そのテクニックとは「複数」対「1人」の構図に持ち込むといった技法です。

例えば、悪質な物干し竿の移動販売の事例があります。「竹や〜竿竹〜。2本で千円!」というアナウンスで近所を回っていた移動販売車を家人が呼び止めると、竿の長さを測るという名目で車から2人の業者が家にやってきます。

1人はカタログを見せながら、2本千円の安い物干し竿ではなく、数万円の高額な竿をすすめてきます。客が購入をためらっている間に、接客をしていないもう1人が、家の物干し竿のところで、家人に見えないように台座を壊します。そして「あれ?この物干し台、壊れてますよ」といい、高価な物干し台を買わざるを得ない状況に仕向けるのです。

ほかにも、電話事業者をかたり「電話回線を確認させてください」という2人組が訪問してきて、家人が1人に対応しているうちに、もう一方の人物が現金を盗むなどの窃盗行為を働いていた事例もありました。この目を離した隙に窃盗を行う手口は数多く、電気やガス、水道などの点検業者を装ったものも存在します。

もうおわかりのように、被害者は1人なのに対し、犯罪グループは必ず2人以上の複数人（組織）で近づいてきます。複数の人に対して、1人で対応すればどうしても隙が生まれ、相手の優位な方向に持ち込まれてしまうのです。

これは悪質商法の勧誘でもよくみられます。悪質な勧誘員は、販売することを隠して会場に連れ込み、契約の話を切り出すわけですが、このとき必ず勧誘経験が豊富な人物がつき、説得役とアシスト役の関係で契約をおし進めてきます。

一見マンツーマンの勧誘にみえる場合でも、勧誘者は裏にいる上司に逐一状況を報告し、様々な指示を受けて話しているのです。

ビジネスの交渉の場でも重要な局面では、なるべくマンツーマンや「相手が複数でこちらが1人」という状況は避けるといいます。それだけ1人という体制は主導権を握られやすいということです。

ここぞという場面では、上司や同僚に同席してもらい、こちらが複数人の体制に持ち込むことで、相手の隙をうかがう余裕も生まれます。

POINT

複数人の体制で交渉の主導権を握る

23

Evil psychological techniques

曖昧な記憶の隙を利用して誘導する

× 曖昧な記憶につけ込まれる

○ 相手よりも鮮明な記憶で優位に立つ

人間は誰しも、時間の経過とともに記憶が薄れていくものです。しかし、詐欺師たちはこの「記憶の薄れ」につけ込み、私たちをあざむいてきます。

わかりやすい事例として、悪質な通信講座販売業者の手口を紹介します。

通信講座を受講する方のなかには、資格取得のために勉強をはじめたものの、途中で挫折して教材などを押し入れにしまい込み、ほったらかしにしてしまうという方がある程度存在します。悪質業者はそのような人をねらって罠を仕掛けてくるのです。

業者は闇のルートで過去に通信講座を受講していた人物のリストを入手し、「以前に受講いただいた通信講座の件でご連絡いたしました」と電話をかけてきます。

電話を受けた人は、受講した記憶はあるため応対します。すると業者は「その講座が、いまだ修了されていませんでしたので、お電話さしあげました」とカマをかけます。

相手が「え……、そうだったかな」という反応を見せると、業者はここぞとばかりに畳みかけます。

「講座の修了には、当社の最終試験に合格して、認定書を受け取る必要があります」

「お客様は、契約に基づき受講を修了していただかないと、更新料が発生します」
「途中でおやめになると違約金が発生します」

このように、本当にありそうなストーリーをつくりあげて話を進めてくるのです。
元受講者は動揺し、はじめは「そんな内容の教材ではなかったはずだ」と思いますが、次第に「もしかしたら、そういう記述が申込書にあったのかもしれない」と、記憶が曖昧なため弱気になってしまうのです。
元受講者が困惑していると、業者は次のように手を差し伸べてきます。

「本来は試験を受けていただき60点以上で合格となりますが、一から勉強をしなおす時間はありませんよね。それでしたら、今回は特例で試験範囲の解説書つき教材をお渡ししますので、それを見ながら検定を受けていただき、答案を提出ください。今回はそれで講座の修了とさせていただきます」

このようにして数十万もする教材を売りつけます。元受講者は「有料だけど修了しないで更新料を取られるよりは……」と考え、誘導されてしまうのです。

このような手口は資格二次商法と呼ばれ、受講の契約条件や支払い内容を覚えていない人物をターゲットにし、曖昧な記憶の隙につけ込んで更新料や解約金、追加料金の名目で金銭をだまし取っていきます。

ビジネスにおいては、「記憶の隙をついてだます行為」はできませんが、このテクニックの裏を返せば、「相手が覚えていないことを、自分が覚えていれば優位に立てる」という換えることができます。相手よりも鮮明で多くの記憶（情報）を持っていれば、話の主導権を握りやすくなり、有利な立場で話を展開できるでしょう。基本的なことですが、業務の日報や会議の議事録、仕事上のメモなどをこまめに記入することで、後から記憶を引っ張り出せる可能性が広がります。

POINT

相手が覚えていないことを自分が記憶しておき、主導権を握る

24

Evil psychological techniques

二極思考で決断を迫る

× 強引に決断を迫る

○ 理想と現実を比較し、判断をうながす

現代社会においては、物事が複雑に絡み合い、仕事や人間関係などで対処の方法に迷い、悩みやストレスを抱えてしまう人は多いと思います。

そのなかで、「善か悪か」や「敵か味方か」のように、白黒をはっきりつけて物事を考える方法は、片方を選択すればもう一方を排除すればよいので、曖昧さのなかで悩むことが少なくなり、わずらわしさから解放された気持ちになることがあります。

この思考法は二極思考と呼ばれ、悪質商法やカルト教団などではこの思考を悪用し、マインドコントロールをかけてきます。

過去に起きた一連のオウム真理教の信者らによる事件なども、その一例といえるでしょう。自らの教団の意向に沿う行為を善行とし、それ以外は悪行として自らの教義に反する敵とみなして、徹底的に排除させるのです。

私の体験した悪質商法では次のような事例があります。

当時、30代で俳優を志望していた私のもとに「芸能事務所・所属オーディション」の知らせが届き、参加することにします。そのオーディションでは、簡単なセリフテストが行われ、数日後に合格の通知が届きます。

私は喜んで、所属契約を交わすために芸能事務所を訪れると、契約を結ぶ段階で事務所の男は「入所金として15万円が必要です」といってくるのです。

突然の申し出にためらっていると、事務所の男は「これ以上、お金はかかりません。しかし、この場で入所金を支払う契約をしなければ、合格も取り消しとなります」といってきます。私は、せっかくの合格をふいにしたくない一心で、入所金の15万円を支払うことにしました。

すると幸いなことに、数日後にVシネマのオーディションの話が入ります。合格すれば俳優の仕事がくるというので受けますが、後日に事務所に呼ばれ、「オーディションに落ちた」と伝えられます。

しかし、話はそれだけにとどまらず、事務所の男は「あんな演技じゃ使い物にならん！俳優になりたいのなら、私たちがすすめる演技スクールに通え！」といい出します。しかも受講料は50万円を超える高額で、自腹で払えというのです。

そこで私は「所属契約時に、これ以上お金はかからないといったじゃないですか！」と抗議するも、男は「本気で俳優になりたくないのか！俳優になりたいのなら金の問題なんて些細なことだ！」と夢のための先行投資だといわんばかりに説得してくるのです。私がその後、聞いた話では、同じ事務所に所属していた、「目標は俳優です」と大真面目に語る多くの人たちが、この高額な契約をさせられていたといいます。

この手口では、「理想」と「現実」という2つの対立する概念を使って、私をコントロールしています。事務所の男からいわれた「お金を払うか、払わないか」「スクールに通うか、通わないか」という言葉は、「理想を手に入れるか、夢をあきらめるか」という意味が暗示のように含まれています。

はじめの「芸能事務所・所属オーディション」を受けに来る時点で、「俳優になりたい」という心理は握られているわけです。そして、オーディションに合格させて夢や理想をさらに強く抱かせます。

そうすることで被害者たちは、二極の選択を迫られたときに、「夢を叶えるためには、お金を払う(スクールに通う)道しかない」と思い込み、契約へと誘導されてしまうのです。

悪質商法の人間は、このような心理を手玉に取り、夢や理想を人質に取った形で、強引に契約を迫ってきます。

ビジネスシーンでは、強引に契約を迫る行為はできませんが、理想と現実を比較して契約の検討をうながすことは、実際によく行われるテクニックです。

例えば、学習塾や語学スクールの受講契約をすすめる場合、まずは顧客に対し、テストなどを通じて現在のスキルの状態を把握します（現実）。そして、面談で顧客が将来どのようなスキルを身につけたいか（理想）を尋ね、それらの情報をもとに、学習プログラムを提案します。

現在の状態と目指す目標の２つを比較し、どのように理想に向かうかを明確に伝えることができれば、説得力を持って受講契約をすすめることができます。

POINT

理想を思い描かせ、現実の状況と比較させて判断をうながす

25

Evil psychological techniques

バーナム効果で興味を持ってもらう

×「みなさんダイエットで悩んでいます」

○「今ダイエットでお悩みのあなたに」

悪質な占い商法のなかには、「電話で初回の占い無料」などとうたい、不安や期待感をあおって、有料のサービスに誘導する手口があります。

私が取材していくと、悪質な占い師には本業の人間ではなく、素人が未経験で行うケースもみられました。その実情について、過去に電話占いのバイトをしていた男性から話を聞きました。

この男性は、占いの経験は全くなく、とある求人で占い師のバイトをみつけ応募します。その面接では、「あなたのような社会経験豊富な人ほど、占い師に向いている」といわれて、即採用になったそうです。

彼は未経験のまま、いきなり「霊感・スピリチュアル」の肩書きを名乗り、活動することになります。それでも彼はいっぱしの占い師として稼ぐことができました。その理由は、上司からいくつかのアドバイスをされていたからです。

「電話をかけてくる人は、たいてい自分の話を聞いてほしい人なので、まずは話を聞いてあげてください」

「女性からは恋愛の相談が多く、男性は仕事関係の悩みが多いです。このように悩みにはパターンがあるので、それを想定しておきます」

「占いは、当たり障りのない答え方をしてください。例えば、恋愛の相談で『これから、どうしたらよいでしょうか』と尋ねられたら、明らかに別れるべきと思う人であっても、『別れなさい』とは絶対にいってはいけません。話をできる限りひっぱって、『彼をもう少し信じてみましょう』『もう少し待ってみてください』といういい回しをしてください」

このように、明確な答えを出さないようにするアドバイスを受けます。相談に対して答えを示すと問題が解決されてしまい、二度と電話がかかってこなくなるそうです。

そしてさらに、悪質な占い師はこのような手口に加え、「誰にでも当てはまるような言葉や説明」で、相手に占いが当たったかのように錯覚させるテクニックを使ってきます。

例えば、次のような言葉をご覧ください。

「今あなたは悩んでいることがありますね」

「あなたは認められたい気持ちを抱きながらも、自信がないためにもう一歩、踏み込めないところがありますね」

「本当は自分を変えて、幸せになりたいと思っていますね」

これらの言葉をみて、もしかしたら「私にも当てはまる」と思った方がいるかもしれません。しかし、それもそのはずで、世の中には全く悩みがない人の方が少数派で、自分の成長や幸せを願う人はたくさんいるため、これらのような曖昧な内容は誰にでも当てはまるようになっているのです。

そのため、なかには「占いが当たった！」「この占い師は私の気持ちをわかってくれている！」と感じ、占い師に好感を持ったり信頼を寄せたりする人も出てきます。

このように、誰にでも該当するような言葉を自分に当てはまる性質だと強く思い込んでしまう心理現象を「バーナム効果」といいます。

このようなテクニックで、ひとたび悪質な占い師に心をつかまれてしまえば、心理誘導されやすくなってしまうのです。

バーナム効果は、営業やマーケティングのようなビジネスシーンでも取り入れられています。

例えば、「ずっとダイエットが成功しないあなたに」というようなキャッチコピーを見たことはありませんでしょうか。この言葉もバーナム効果をねらったものです。

ダイエットの悩みの尺度は人それぞれですが、数ヶ月悩んでいる人から、数年悩んでいる人、もしくはダイエットが続かない人やリバウンドで太ってしまった人までが「私のことだ」と思えるような曖昧な表現になっています。また、「あなた」という言葉を使うことで、大衆に向けた発信ではなく、自分に向けたメッセージだと思ってもらいやすくしていることもポイントです。

このようにバーナム効果を活用し、あたかも自分が当てはまっていると思わせることで、「これは私のためのものだ」と商品やサービスに興味を持ってもらいやすくなるのです。

POINT

自分のことだと思わせて、興味を持ってもらい誘導する

第4章

人を巧みに操るテクニック

26

Evil psychological techniques

仮説思考のシナリオでターゲットを誘導する

×

ターゲットを定めず道筋を考えない

○

ターゲットを把握して論理的に誘導する

SNSに書き込まれる闇バイトへの応募者たちが、犯罪に加担してしまうケースが続出して社会問題になっていますが、なぜ人々は闇バイト募集の罠にはまってしまうのでしょうか。十数年の長きにわたり、闇バイトの電話調査をしてきて、リクルーター（闇バイトの募集をする者）らが犯罪未経験者を犯罪に駆り立てていく手法がいかに巧みなのかを感じています。私自身「その手でくるのか」と、不本意ながら舌を巻くことがあったのも事実です。そこには、彼らが多くの人をだますという詐欺の経験をもとにした「仮説思考」がありました。

仮説思考とは仮のゴールを設定し、その実現に向けた道筋を考えることをいいます。つまり、詐欺においては、相手の状況や情報に合わせて様々なシナリオを用意し、相手を誘導するまで（金をだまし取るなど）のプロットを考えているのです。

闇バイトの募集では、巧みな仮説思考が組まれています。

まずリクルーターは、SNS上に「高収入」「短時間」「即日即金」などという書き込みをして応募者を募ります。以前は「闇バイト」というワードを直接使っていましたが、最近は警察やメディアを通じて注意喚起がなされ、多くの人がこの言葉に警戒感を持っているため、ブラック（詐欺）ではない「ホワイト案件」という言葉で、誘うことも多くなってきました。

このように募集することで、借金などに苦しみ「簡単に多額のお金を稼ぎたい」と思っている人物の目に留まるように仕向けられているのです。そしてＤＭで連絡をさせるために、仕事内容について、「荷物を運ぶ」「簡単な仕事」「年齢不問」などの文言だけを載せて、ＳＮＳ上の求人では詳しくは記さず、ＤＭで問い合わせしなければわからないようにしています。

ここでは、「漠然とした募集内容を載せて、興味を持たせて、気軽に問い合わせをさせる」手を使っています。

その後、メッセージを後から消せる秘匿性の高い通信アプリで連絡を取ります。そのときに、面接と称してリクルーターが聞いてくるのが「借金はありますか？」「どのくらい稼ぎたいですか？」「今月、いくら返済しなければなりませんか？」といったお金に関する質問です。

通常の面接では、まずこうしたことを聞いてこないはずですが、応募者の多くは多額の借金を抱えて、明日の生活に不安を抱えているので、正直に答えてしまいます。これに答えてしてしまうと、個人情報や借金事情などの弱み、仕事に就けていない不安などの様々な情報がリクルーターに知られ、術中から抜け出せなくなります。

リクルーターは、応募してくる者たちの「お金に困っている」という心理状況を把握した上で、どのような話をすれば犯罪に加担させるという結論に導けるのかを考え、コントロールしてくるのです。

そして闇バイトのリクルーターたちは、臨機応変なアドリブ力にも長けています。

例えば、もし応募者が「逮捕されるかもしれない」という不安を持っているとみれば、それを打ち消すための話をします。

「うちのグループでは捕まった者は1人もいません。必ず、見張り役をおいて、警察がいないかを確認しているからね」「万が一、捕まっても、うちの顧問弁護士をつけるので、初犯だし、罪には問われないよ」ということをいってきます。

すべて嘘ですが、応募者たちは、寄り添うような話し方をされて、相手の言葉を信じてしまいます。

個人情報を把握した上で、この人には「この言葉が刺さるだろう」「仕事をすればすぐに借金すべてを返せることを強調すれば、犯罪行為に駆り立てることができるだろう」というシナリオを立てながら話を進めてきます。犯罪経験の長いリクルーターほど、こうした仮説思考ができており、その結果、多くの応募者が犯罪行為をさせられてしまうわけです。

この仮説を考える論理的思考はビジネスにおいても必要不可欠です。

例えば、とある商品を若者に購入してもらうことをゴールとした場合、ターゲットとなる消費者の人物像や消費行動のリサーチをした上で、どのように広告を打ち出していくかシナリオを論理的に考えます。

東京で若者向けに看板広告を出すのであれば、巣鴨より渋谷に出した方が有効でしょう。もしくは、新聞広告よりもＳＮＳでの告知の方が目に留まりやすくなるかもしれません。

このように、ターゲットの心理や状況を把握し、そこから「消費者は〇〇を欲しているから、この広告が刺さる」と論理的に考えながらストーリー展開の仮説を立てていくのです。

POINT

仮のゴールを設定し、その実現に向けた論理的なシナリオで誘導する

27

Evil psychological techniques

急に話を方向転換させて動揺させる

×マニュアル通りに話を進める

○「ところで、どう思いますか？」

近年続出している、詐欺の実行犯の逮捕を逆手に取り、これらを装った劇場型詐欺が登場しています。この手口にも被害者の心理を手玉に取るテクニックが潜んでいました。

私が知る手口では、80代の女性のもとに、警察官を装う詐欺師から「この地域で、特殊詐欺の被害が多く起きています」と注意をうながす電話がかかってきます。そして「不審な電話があれば、警察官が近くにいますので、こちらの番号に連絡をください」と電話番号を告げられます

そして翌日、女性のもとに孫をかたった電話で「300万円が必要になった」というオレオレ詐欺の電話がかかってきます。前日に警察から注意喚起の電話があったことを思い出して「これは詐欺だ」と確信した女性は、教えられていた番号に電話をかけます。

すると偽の警察官は突然、「犯人を捕まえたいので、だまされたふりをしてもらえませんか?」と捜査協力の依頼をしてきます。

女性は急な依頼に戸惑いますが、偽の警察官に「詐欺撲滅のために、お願いします」と畳みかけられると、承諾してしまいます。後で解説しますが、ここに詐欺グループの巧みな心理操作があるのです。

その後、偽の警察官は「犯人はいくらのお金が必要だといっていましたか？」と尋ね、女性が電話の通り「３００万円です」と答えると、「お金は責任を持って全額戻しますので」と安心させた上で、その金額を用意させます。

そして、孫役の詐欺師から「今から伝える住所に宅配でお金を送ってほしい」と連絡を受けると、偽警察官の指示をあおぎながら３００万円を送ってしまいます。

偽警察官は「ご協力感謝いたします。これで犯人を確保できるはずです」と現地に向かうふりをします。

その後もアフターフォローで「犯人を逮捕しました。ご協力ありがとうございました」という電話がかかってきますが、これは女性を安心させて詐欺の発覚を遅らせようとしているのです。こうして女性が配送した３００万円は戻ってくるはずもなく、偽の警察官たちにも連絡がつかなくなるのです。

この手口のポイントは、急に話を転換させて決断を迫っている点です。人間は、急な出来事に見舞われ、迅速な判断を迫られると、動揺してしまい冷静な判断ができなくなってしまうのです。

高齢の女性は、急な犯人捜査の協力依頼に動揺してしまい、自分で金銭を準備させて使われることに疑問を抱けなかったのです。

本物の警察官は、オレオレ詐欺に対して「だまされたふり作戦」を行うことはありますが、家人にお金を用意させることはありません。冷静に考えれば気づけそうなものですが、動揺するとそれだけ思考が充分に働かなくなるものなのです。

キャッシュカードをだまし取る手口にも、急な方向転換でだます手法がみられます。

高齢の女性宅に、役所をかたり「払いすぎた保険料があるので、振り込みでご返金します」との電話をかけ、「振り込みの手続きのために、キャッシュカードを郵送してください」といってきます。

そして女性が手元にカードの準備をしていると、再び電話があり「偶然、近くに銀行員がいましたので、カードを渡してください」と急遽、方向を転換してくるのです。そして、偽の銀行員が家に来てカードをだまし取っていきます。

急な対応を求められ動揺しているところに、いきなり話の流れを変えられると、冷静さを失い誘導されやすくなります。

私も悪質業者と対峙しているときに、同様の手口を使われたことがあります。相手は、流暢に話していたかと思えば、急に話にブレーキをかけ「ところで、どう思いますか?」と質問をしてくるなど、話の急な転換が実に巧みなのです。

たいがいの人は、突然の質問に「答えが頭に浮かばない」状況となり、思考がストップします。その結果、相手のいいなりに行動してしまいがちなのです。

具体的には、相手が次から次へと契約の説明をしていたかと思えば、突然「ところで、わからないことがあれば、質問してください」と迫るのです。そして、なにを質問しようかと考えているうちに「質問がないということは、理解してただいたということですね」といって、契約に誘導されたりするわけです。

このテクニックは、研修やセミナーなどで相手の理解度を確かめながら話を進めていく方法として応用できます。

誰しも一度は経験があると思いますが、マニュアル通りの解説を延々と聞いていると、話が一方的すぎて頭に入らずに眠くなってしまうことがあります。

話を聞いている相手の反応が今一つ手ごたえがないときには、「ところで、どう思いますか?」などと、話にブレーキをかけて発問することで、相手の理解度や反応を把握しながら、その度合いに応じて話の展開を組み立て直すことができるのです。

POINT

話を急に方向転換させ、自分の思い描く方向に誘導する

28

Evil psychological techniques

ナッジ理論で自発的な行動を促進する

× 強制的に行動させる

○ そっと後押しして、行動をうながす

還付金詐欺の手口には、相手からさりげなく情報を引き出し、誘導する巧みな手口がみられます。この詐欺では高齢者の方がよくねらわれます。

まず、役所の職員をかたる詐欺師から「医療費を2万円ほど払いすぎています。黄色の封筒が届いていると思うのですが、もうお手続きはなさいましたか?」というような電話がかかってきます。「黄色い封筒」というのは詐欺師の嘘なので、それに対して相手は「いいえ」と答えます。それを想定している詐欺師は、次のように外のATMへと誘導してくるのです。

詐欺師「それは大変です。お手続きは本日までになりますので、今日をすぎますと払いすぎた医療費は受け取れなくなってしまいます」

被害者「そうなんですか！ どうすれば、よいですか?」

詐欺師「郵送では間に合いませんが、今なら銀行で直接お手続きできます。いかがいたしますか?」

被害者「お願いします」

詐欺師「わかりました。ご希望であれば、早急にお手続きに入りましょう。普段、お使いの銀行はどちらになりますか?」

被害者「A銀行です」

詐欺師「少々お待ちください……。それでは、○○にATMがあります。そちらに銀行のカードを持って向かってください。こちらもA銀行の職員を向かわせ、直接操作方法をお教えします。待ち合わせのために、念のため携帯電話をお持ちください」

このように、巧みに外のATMへと誘い出されてしまいます。

詐欺と気づけないのには理由があります。電話を受けた相手に「お金を受け取りたい」と思う気持ちにさせた上で、自分から「どうしたらお金を受け取れるのか?」と尋ねるように巧みに仕向けているのです。自ら聞くという自発的な行動を取らされているがゆえに、本人はだまされていることに気づけないのです。

ここでは、無理やりさや強制力を感じさせないで、そっと相手の背中を後押しする方法でATMに誘導しています。ここには「ナッジ理論」という手法が潜んでおり、多くの人がだまされてしまうのです。ナッジ(nudge)とは、「軽くつつく」という意味があり、行動をそっと後押しする手法のことをナッジ理論といいます。

この手口の場合は、被害者が「還付金」という報酬に触発され、行動をうながされています。つまりこれは、いわゆる目の前にエサをぶら下げられて、外へと連れ出されているのと同じなのです。

世の中にも、ナッジ理論のテクニックを使った事例をみかけることがあります。例えばトイレの「いつも綺麗に使っていただき、ありがとうございます」という貼り紙や、車道の減速を意識させる破線のマーク、飲食店のメニューの「本日のおすすめ」の表示、コンビニの列を整理する足跡マークなどが、行動を誘発させるための、ナッジ理論を使ったテクニックといわれています。

POINT

そっと相手の背中を後押しして、自発的な行動を誘い出す

29

Evil psychological techniques

期限をつくり プレッシャーを与える

×　期限を設けない

○　期限を設けて、行動をコントロールする今回の事例は、前の項目と同じ還付金詐欺の話です。前述の通り、役所の職員をかたる詐欺師から高齢者のもとに「医療費を払いすぎている」という電話があり、「還付金を受け取るには本日中に手続きが必要」と期限を設けられ、ＡＴＭに誘導されます。
そして、スマホなどでの通話を通じて、詐欺グループは次のような指示をしてきます。

詐欺師「最初に、あなた様のカード情報を確認しますので、ＡＴＭにカードを入れて、取引開始のボタンを押してください」
被害者「はい。押しました」
詐欺師「次に、残高というボタンを押して、暗証番号を４桁入力してください」
被害者「はい。入力しました」
詐欺師「今、数字は何個で出ていますか？」
被害者「１・２・３……６つですね」
詐欺師「最初の数字３つを読み上げていただけますか」
被害者「５５２」
詐欺師「はい、ありがとうございます。こちらがあなた様の受理番号（お客様番号）になります」

ここまでのやり取りで、詐欺グループは相手の口座に残高が55万円ほどあることを把握します。残高の数字があたかも受理番号として必要だったかのように装いながら、巧みに聞き出してくるのです。そしてさらに畳みかけます。

詐欺師「それでは次に、こちらからお振り込みをする際の口座をお伝えしますので、お振り込みのボタンを押してください」

被害者「はい、押しました」

詐欺師「それでは口座をお伝えしますので、ボタンを押してください。こちらの金融機関は○○銀行です。続いて支店は○○支店です……」

本来、ATMの「お振り込み」は、自分の口座からお金を振り込むものですが、さも役所から振り込みをしてもらう手続きのように思わせながら、この手順を踏んでいきます。

電話で矢継ぎ早に指示をしてくるため、高齢である被害者は表示画面を確認する間もなく、操作をさせられてしまいます。そして、次のような指示をしてきます。

詐欺師「それでは、お客様の受理番号を552と入れてください。続けて01を押して、最後に確認番号1を押してください」

このように、振り込み金額の画面で、受理番号や確認番号を押すように錯覚させ、「55２０11」の数字を入力させます。その結果、この被害者は55万円ほどのお金をだまし取られてしまうのです。

この手口では、急な手続きの期日を勝手に設定することで相手を慌てさせ、さらに電話で矢継ぎ早に指示を出し、冷静な判断能力を奪っています。あせらず冷静に対処されると、どこかで見破られる危険性が高まるため、詐欺師たちは様々な手を使って、相手を慌てさせたり、動揺させたりしてくるのです。

この期日を設けるテクニックは、ビジネスシーンでは「デッドライン効果」という形で活用されています。締め切りや期限をつくることで、モチベーションや集中力がアップするという心理効果が期待できるといわれています。マーケティングの現場では、「10日間限定販売」や「本日17時までのタイムセール」のように、日数や時間で期限を区切ることで、相手の購買意欲をかき立てることができるのです。

また、被害者が詐欺グループの手口にまんまと引っかかってしまう原因には、別の心理も働いていると考えられます。それは「ハロー効果」と呼ばれる心理現象です。

ハロー効果とは、とある人物等を評価するときに、目立つ特徴に引きずられてほかの評価がひっぱられる現象のことをいいます。例えば、医者という肩書きを聞くと人間性まで立派な人だと感じたり、身だしなみが整っている人をみると誠実そうにみえたりするのが、ハロー効果の一例です。今回の手口では、電話の相手が「役所の職員」であったことが警戒心を解き、「役所の方がいうんだから、いう通りにすれば間違いない」「私のために、手続きが間に合うように急いでいるんだ」と無条件で信頼してしまったと考えられます。

POINT

期限を設けることによるプレッシャーで、コントロールしやすくする

30

Evil psychological techniques

マイルールを設けて行動を支配する

×やみくもにお願いする

○期日やルールを決めて従ってもらう

近年のスマホ普及に比例して、スキマ時間を使って効率的にお金を稼ぎたいというニーズが高まり、それにともなった巧妙な副業詐欺（タスク詐欺）による被害が多く出ています。副業詐欺とは、ネット上の副業サイトで「いいねを押すだけ」「スタンプを送るだけ」「スクリーンショットを撮るだけ」などのような簡単な作業（タスク）で稼げるという副業に応募したところ、最終的に高額な金銭をだまし取られるという詐欺です。

私のもとにも「スマホを使った仕事で、日給は4万円」というショート・メッセージが入ったことがあり、どのような仕事かを尋ねると「スマホやパソコンを使って、映画のレビューに好評価をつけるお手伝いをします。勤務時間は自由に調整でき、空いている時間を利用して、毎日4万~10万円の収入が得られます」といわれます。

「いいですね」と好意的なメッセージを返すと、相手から「15分のトレーニングを受けてもらえれば、終了後すぐに3000円の報酬を受け取れます」といわれます。

このトレーニングはLINEで行うとのことで、すぐにトレーニング担当の女性に友達申請をしました。

LINEでのトレーニングがはじまると、実に簡単な「あなたの好きな映画の種類はなんですか？」というようなアンケートのようなものが送られてきます。それに3問ほど答えるだけでトレーニングは修了しました。

すると翌日、「あなたはとても優秀ですね！　これで３０００円の即時振込と、日々の収入を得る資格を手に入れました。今すぐ受け取り、仕事をはじめますか？」とメッセージがきたので、「はい」と返信をします。

すると、「ビジネスへの登録完了後に３０００円を受け取り、スタートしてください」というメッセージが送られ、ＰａｙＰａｙでお金を受け取る方法が届きます。さらに、その後は秘匿性の高い通信アプリ「テレグラム」で連絡を取り合うというので、その登録も行います。

すると、３０００円を受け取った後、テレグラムのグループチャットに参加して、映画のレビューを書くことで1回３００円の報酬が得られるというのです。

この実際にもらえる３０００円で、応募者たちは「本当にお金をもらえる仕事なんだ」と信頼してしまいます。

しかし、この1回３００円のレビューの仕事では、当初いっていた日給4万円の目標を達成するためには、１３０回以上のレビューを書かなければなりません。それを2時間ほどの映画を見てこなしていくのは、かなりの手間で現実的ではありません。

これまでに副業詐欺にあった方の事例をみても「仕事のタスクをこなす際に、選択やタスク手順を間違えると、高額な違約金や遅延金を請求される」といわれています。しかも自分のミスがグループの連帯責任として請求されるので、責任感が強い人ほど、お金を払う方向に誘導されます。グループのほかの参加者は、サクラの可能性があります。

詐欺グループは、報酬を与えて信用させた後に、詐欺グループが独自に決めたマイルールでがんじがらめにし、応募者が仕事をしたらルールに反したといいがかりをつけます。そして、被害者の罪の意識を逆手に取り、金銭をだまし取っていくのです。被害者のなかには1000万円もの高額な被害にあった方もいました。


仕事においても、ゴールへの筋道を立てない形で「なんとかお願いできませんか」と提案をしても、おそらくはうまくいかないことでしょう。

しかし、交渉相手が契約に対して煮え切らない際には、催促する必要があります。そんなときにマイルールを活用するのです。

例えば「当社の上層部からは、社内の取り決めもあり、○月○日までに、御社から契約の返答をいただくようにいわれています。その期限をすぎれば、別の会社にもアプローチを開始することになっています。とてもよい条件ですので、期日までにご判断いただければ幸いです」というように、会社としての「期限のルール」を定めて相手に提示することで、それに沿った形での相手の決断をうながすことができるのです。

POINT

期日などのルールを定めて、相手に従ってもらう

31

Evil psychological techniques

損失を回避したいという気持ちに訴える

×得をしたいと思う心理をあおる

○損失を回避したい心理をあおる

闇バイトを取材していると、非行に走ったことのないごく普通の若者たちが応募して、詐欺や強盗の犯罪に手を染めてしまっている現状を目の当たりにします。その親たちも、子どもが犯罪行為をしたとの知らせを聞いて、「なぜ、あんなに優しい子が……」と愕然とした思いを口にする人もいます。

おそらく、闇バイトに手を染めてしまった彼らも、通常であれば適度に稼げる仕事をして、犯罪につながるような高収入のバイト募集など、探そうともしないでしょう。

しかし、税金の滞納や借金を抱えていれば、状況は一変してしまうのです。元の性格がどんなに優しい人間であっても、現状の借金（損失）を抱えている状況から、一刻も早く逃れたいという心理から、犯罪という逮捕されるリスクがある行動を取ってしまいます。

闇バイトを募集するリクルーターや犯罪グループも、そのことをわかった上で、一攫千金の言葉をちらつかせ、相手の持っている悩みや苦しみに共感するようなソフトな対応をして、犯行に及ばせるのです。

このような、自分のおかれた損失や負債のある状況によって、感情にゆがみを生じさせ、普段しないような非合理的な行動を取ってしまうという意思決定のモデルを、「プロスペクト理論」といいます。例えば、次のような選択肢があるとします。

選択肢Ａ「50万円が無条件でもらえる」

選択肢Ｂ「じゃんけんで勝てば１００万円がもらえ、負ければなにももらえない」

通常であれば、多くの人は確実に50万円がもらえるAを選択します。しかし、「１００万円の負債を返さなければならない」という条件を追加すると、大半の人がギャンブル性の高いBを選択してしまうのです。

これは、確実な50万円をもらうよりも、１００万円の負債を帳消しにできる（損失を回避できる）可能性を優先した結果だと考えられます。人は負債の方を回避するように行動を起こし、本人の抱える負債状況によって、普段しないような非合理的な行動を取ってしまうのです。

このプロスペクト理論は行動経済学の理論の一つなので、ビジネスシーンやマーケティングに活用されています。例えば、「無料キャンペーン」や「先着１００名様割引」などは、消費者の「今買わないと損をする」という損失を回避したい心理に働きかけるテクニックです。
また、この損失を回避したい心理を活用し、「当社のシステムを導入すれば、他社に先行して、利益増大が見込めます」というよりも、「当社のシステムを導入しなければ、機会損失となり、遅れを取って損益となる可能性があります」と、損をしたくないという気持ちをあおる方が、訴求効果が高くなります。

POINT

損失を回避したい心理をあおり、行動を起こさせる

32

Evil psychological techniques

沈黙をうまく使い心理的圧力をかける

✕ 沈黙に耐えられず話してしまう

○ 沈黙を活用してプレッシャーを与える

悪質業者は沈黙をうまく使います。特に、壺や印鑑を売る霊感商法でも用いられ、心理的な圧力をかけたり、無言を解消しようとする相手から話を引き出したりするのです。

霊感商法では、姓名判断や家系図を取りながら、相手に深い悪因縁があることを植えつけ、それを祓うためと称して高額商品を売ってきます。

霊能師役は、まず本人の性格を褒めます。「あなたは明るく、人を幸せな気持ちにさせる。人格のある方ですね。笑顔が素敵です」などといいながら気分をよくさせたところで、一転、急に沈黙するのです。

そして眉間にしわをよせて、深刻な表情をつくります。それまで穏やかな表情から、一転厳しい表情に変わることで、相手は「なにか問題でもあるのだろうか……」と不安感を覚えます。

その様子を読み取ると、霊能師役は口を開きます。「大変にいいにくいことですが……、あなたに強い色情因縁と、殺傷因縁が出ています。これは先祖が過去に大きな罪を犯したために、子孫に因縁となって影響が出ているのです。なにか心当たりはありますか？」と尋ねてきます。

これを聞いた相手が恋愛面や健康面に悩んでいれば、それを自ずと口にします。そして、あらゆる悩みを聞き出した後に、霊能師役は「このままですと、殺傷因縁で体が病で侵され、色情により恋愛も破綻してしまうことになります。これ以上の災厄を起こさないためにも、悪因縁を断ち切るお守りをおすすめします」といって、高額な霊感グッズを販売するのです。

沈黙をうまく活用することで、こちら側の語る言葉を強調して相手の心に深く残すことができ、相手の深層にある悩みを口にさせ、情報を得ることができるのです。

この沈黙の技は、交渉のテクニックとしても使われ、自分の立場を有利にするための非常に有効な方法といえます。交渉で有利なのは、必ずしも話が上手な人だけではないのです。

例えば、取引先に無理難題な提案を押しつけられたとします。その場にいると、「黙っていると余計に不利になりそう」と思うかもしれませんが、沈黙することで相手にもプレッシャーを与えることができるのです。

すると相手はその沈黙を埋めるために、なにかを話しはじめるはずです。そうすればこちらは、相手の思惑を聞き出すことができる上、その話を聞きながら自分の言い分を組み立てる時間稼ぎができるのです。
万が一、相手が話しはじめなくても、慌てず数秒は沈黙を貫きましょう。そしてこちらからゆっくり「……これには、どのような意図があるのですか」と切り出すことで、プレッシャーをキープしたまま、相手の考えを聞き出すチャンスにつなげることができます。

POINT

沈黙で心理的圧力をかけ、言葉を強調し、情報を引き出す

33

Evil psychological techniques

イエスセットで同意する状況に誘導する

×いきなり本題の話を進める

○小さな同意を重ねながら話を進める

悪質商法でよく使われる手口として、「はい」をいわせながら話を先に進め、断れない状況に追い込むテクニックがあり、悪質なトイレの水漏れ修理業者などで高額な修理費用を請求されるケースが続出しました。

水回りの不具合が起き、家人が慌ててネットやポストに投函されていたチラシなどを見て業者を探します。悪質な業者は、チラシやネット上に「業界最安値！」「980円から！」などといった安さをアピールした宣伝文句を載せて罠をしかけます。急いでいる家人は、「安いし、ここでいいか」と、その言葉に引っかかって業者を呼んでしまいます。

一見、普通の業者を装った悪質業者がやってくると、修理作業をはじめますが、トイレの水は一向に流れません。すると、業者は次のようにいいます。

業者「トイレは、しばらく詰まっていた状態でしたか？」

家人「はい」

業者「そうですよね。この詰まりは結構深刻ですね。排水管をはずして確認してもいいですか？」

家人「はい、お願いします」

業者「この詰まりは根本から、直さなければいけないですね。よろしいですか？」
家人「はい……しかたないですね」

このように、家人が「はい」と答えているうちに、だんだんと後には引けない状況に追い込まれていきます。悪質業者は、この話の流れにつけ込みながら「この作業をしますね」「次にこの作業をします」と尋ねては「はい」という言葉を積み重ね、作業費用としての金額をどんどん釣り上げようとするのです。

ひどい業者になると「便器すべてを交換しなければならない」といい出し、工事終了後に、40万円以上の高額な見積書を提示してくる事例もありました。

このようにして、高額な請求をされて驚く家人は「宣伝の価格と違うじゃないか」と訴えますが、業者は「これは、追加された作業費が含まれています。作業に入る前に確認しましたよね？」と開き直ります。

確かに「はい」と答えた自覚のある家人が弱っていると、悪質業者は「もし現金で、今日お支払いいただければ、10万円値引きします」といって歩み寄りをみせてきます。すると、家人は「少しでも安くなるなら」という思いで支払いをし、高額な修理の被害にあってしまうのです。

このような相手の同意を重ねていくテクニックを「イエスセット」といいます。これは、自分で決めたことに対して、最後まで一貫性を持った態度を取ろうとする「一貫性の法則」を活用したテクニックで、何度も同意を重ねさせ、すぐに反論しにくくさせる効果があるのです。

これはビジネスでもよく使われるテクニックです。例えば、スポーツジムの勧誘をするとします。

「最近、暑くなってきましたね」

↓「イエス」

「こう暑いと、肌の露出が増えますよね」

↓「イエス」

「そんなとき、体が仕上がっていると、薄着も抵抗感がなくなりますよね」

↓「イエス」

「ダイエットなどにご興味はありますか？」
→「イエス」
「今、近くのスポーツジムが入会無料なんですが、いかがですか？」

このようにイエスを積み重ねると、ただ「スポーツジムにご興味ありませんか」と尋ねられるより、ついつい最後の質問に「はい」といってしまいそうな気がしませんか？

この会話では、イエスを積み重ねて最後の質問への同意を引き出しながらも、顧客の潜在的なニーズや欲求を引き出し、共感を高めているのもポイントです。

相手の願望を見極めながら、小さな同意を重ねることで、最終的なクロージングの成功率を高めることができます。

POINT

小さな同意を重ねることで、クロージングの成功率を高める

おわりに

私がこれまでに数々の事例や現場を取材してきたなかで思うことは、手練手管の詐欺師や悪質業者ほど、「足し算」「引き算」「掛け算」「割り算」のような数学的な発想をしているということです。

私が例える「足し算」的な発想とは、詐欺師たちが「常に最新で重要なトピックを研究して、便乗できることはないか」と考えている点です。

例えば近年でいうと、新紙幣の発行に便乗し、偽の郵便局員から「古い紙幣を保管しておくと犯罪になる」といわれ多額の金銭をだまし取られる事件がありました。また、能登半島地震のような災害に便乗するような詐欺や悪質商法なども発生しています。

そのほかにも、コロナ禍やワクチン、給付金、オリンピック、企業の個人情報流出のニュースなどのような世の中で騒がれている最新のニュースをキャッチし、自分たちの詐欺行為につけ加えて、我々に近づいてくるのです。

「引き算」の発想は、相手に疑われたり拒否されたりした場合、「いったん引いて様子をみる」という考え方です。

例えば、一度高額な金額を請求し、拒否反応を示された場合、詐欺師たちは一気に値引いた金額を再提示してくることがあります。しかしこれは、計画の想定内で、被害者に一度高額な金額を断らせることで、再提示された金額を断りにくくさせているのです。

ロマンス詐欺の手口にも、相手に疑われた場合には、それ以上深追いをせず、いったん距離を取るといいます。急に引くことで、逆に相手の頭のなかに印象を植えつけながら、立て直しの時間をつくり、あらためて罠をしかけるのです。

「掛け算」の発想は、「だませる人のところへ、数多くアタックする」という考え方です。

詐欺師たちは、一度だませた人のところへは、被害者本人が気づくまで、金額を2倍、3倍と増額しながら詐欺を繰り返してくるのです。過去に起きた事例として、60代の女性は、架空の電話料金の請求に64回にわたってお金を振り込み、1億9000万円を超える被害にあっています。

最近では、公的機関や銀行、クレジットカード会社をかたった偽メールも多く届きます。

ここにも数でアタックを試みる意図が読み取れます。偽メールを送る側は、「1%ほどの人間が引っかかればよい」と考えているため、送信数の数を多くし、より多くお金を詐取できるようにしているのです。

「割り算」の発想は、「ストーリー展開や役割を分担する」という考え方です。詐欺グループから話を聞くなかでよく出てくる言葉が「一線」「二線」「三線」という役割分担の言葉です。

一線では役所や銀行職員になりきって、相手の情報を収集することに専念します。そこで相手をだませる可能性が高いと思えば、二線を担当する人物に代わります。

二線では、主に警察をかたり「あなたのクレジットカードが不正に使われている」というように、犯罪に巻き込まれていることを話して、不安感をあおります。

そして三線では、金融機関の関係者が登場し、これ以上不正利用されないようにキャッシュカードを準備するように伝え、「受け子」を使い被害者宅を訪問させて金品をだまし取る算段を取りつけます。

このように劇場型詐欺は巧妙化しており、詐欺グループのメンバーらも、自分が担当するパートに集中できるので、だます手口の精度も上がるのです。それゆえに、だまされてしまう人たちは、疑うという気持ちを抱くこともないままに、だまされてしまうわけなのです。

ここまで、詐欺師たちの代表的な4つの発想法を四則演算になぞらえて紹介してきましたが、いずれも理にかなった巧妙なものであるといわざるを得ません。

私がフィールドワークとして詐欺師や悪質業者と対峙し、常に思うのは「悪いのは詐欺師たちの法律を破ってでもお金を取ろうとする不純な動機であり、使われているテクニック自体は決して悪くない」ということです。もし、このテクニックがまっとうにビジネスシーンで活用されれば、どれほど日本の経済が発展するだろうかと、よく考えます。

匿名・流動型犯罪グループによる闇バイト、SNS型詐欺など、今もなお猛威を振るう悪の手口を、違う側面からみてもらうことで、防犯対策や健全な経済発展のツールとして役立ててもらえたら幸いです。

多田文明

［参考文献］※いずれも本書著者による執筆

『ワルに学ぶ黒すぎる交渉術』（プレジデント社）
『だまされた！「だましのプロ」の心理戦術を見抜く本』（方丈社）
『ついていったら、こうなった キャッチセールス潜入ルポ』（彩図社）
『迷惑メール、返事をしたらこうなった。 詐欺＆悪徳商法「実体験」ルポ』（イースト・プレス）
『サギ師が使う 人の心を操る「ものの言い方」』（イースト・プレス）
『サギ師が使う 交渉に絶対負けない悪魔のロジック術』（イースト・プレス）
Yahoo! ニュース エキスパート 執筆記事
PRESIDENT Online「ワルの経済教室」

[著者略歴]
多田文明（ただ・ふみあき）

ルポライター、キャッチセールス評論家、詐欺・悪質商法に詳しい犯罪ジャーナリスト。1965年北海道生まれ、仙台市出身。日本大学法学部卒業。雑誌「ダ・カーポ」にて『誘われてフラフラ』の連載を担当。2週間に一度は勧誘されるという経験を生かしてキャッチセールス評論家になる。キャッチセールス、アポイントメントセールスなどへの潜入は100カ所以上。悪質商法や詐欺などの犯罪にも精通する。著書に『ついていったら、こうなった』（彩図社）、『だまされた!「だましのプロ」の心理戦術を見抜く本』（方丈社）、『ワルに学ぶ黒すぎる交渉術』（プレジデント社）、『信じる者は、ダマされる。元統一教会信者だから書けた「マインドコントロール」の手口』（清談社Publico）、『マンガ ついていったらこうなった』『サギ師が使う 人の心を操る「ものの言い方」』『サギ師が使う 交渉に絶対負けない悪魔のロジック術』（イースト・プレス）などがある。

人《ひと》の心《こころ》を操《あやつ》る
悪《あく》の心理《しんり》テクニック

2025年4月24日　第1刷発行

著者　多田文明

ブックデザイン　金澤浩二

発行人　永田和泉

発行所　株式会社イースト・プレス
〒101-0051
東京都千代田区神田神保町2-4-7 久月神田ビル
TEL：03-5213-4700　FAX：03-5213-4701
https://www.eastpress.co.jp

印刷所　中央精版印刷株式会社

ISBN978-4-7816-2447-1